# 春耕漫笔

——语文教育随想

葛慧兵 著

河北大学出版社
·保定·

CHUNGENG MANBI

# 春耕漫笔

## ——语文教育随想

出 版 人：耿金龙
责任编辑：李 达
装帧设计：张彦琪
责任校对：袁慧敏
责任印制：靳云飞

图书在版编目（CIP）数据

春耕漫笔 ：语文教育随想 / 葛慧兵著 . -- 保定 ：河北大学出版社，2019.10（2019.12 重印）
ISBN 978-7-5666-1555-8

Ⅰ . ①春… Ⅱ . ①葛… Ⅲ . ①中学语文课－教学研究－初中 Ⅳ . ① G633.302

中国版本图书馆 CIP 数据核字 (2019) 第 235467 号

出版发行：河北大学出版社
地址：河北省保定市七一东路 2666 号 邮编：071000
电话：0312-5073033 0312-5073029
邮箱：hbdxcbs818@163.com 网址：www.hbdxcbs.com
经 销：全国新华书店
印 刷：保定市文昌印刷有限公司
幅面尺寸：170 mm × 240 mm
印 张：14.5
字 数：203 千字
版 次：2019 年 10 月第 1 版
印 次：2019 年 12 月第 2 次印刷
书 号：ISBN 978-7-5666-1555-8
定 价：45.00 元

# 序

遇见语文，是缘分；以教育为毕生职业，是幸运。

42 年前的初春，我第一次登上讲台，在教育生涯里写下第一笔时，只有 17 岁。当时的场景永远定格在我的记忆里：

那是一个远离县城的小村庄。学校没有院落，只有一个很大的、简陋的房子，五个年级的孩子们都在这一个房子里上课。我来了，教一、二、三年级所有的课程，典型的复式教学。

踏进教室，抬眼望去，没有桌椅，地上散落着一些砖块儿和歪七扭八的小凳子，衣着简朴的孩子们在嬉戏玩耍。有人喊了一声“新老师来了”，随着一阵“噼里啪啦”的声响，满地的砖块儿瞬间被堆积成一个个立体的方台——这就是他们的课桌了。孩子们也迅速端坐在小凳上，眼神齐刷刷地投向我……

像很多文学作品中讲述的那样，我的到来，给这里的孩子们带来了希望。而这里的孩子们也以其纯朴善良、勤奋好学的品质感染着我。面对贫穷和荒凉，面对渴望和希冀，由责任和道义催生出的朴素情感，激励着我一生对事业的追求。

时光荏苒，随着岗位的变化，从小学到中学，从三尺讲台到教学研究，我的关注点也由过去一招一式的方法探索转向学生语文素养和教师教学策略的提升研究。

21 世纪初，河北省教育科学研究所组织并启动了国家课程的初中语文教材编写，我有幸作为核心成员参与其中，陪伴这套教材经历了从无到有、通过教育部审定并在全国范围使用等过程。不久后，我到北京师范大学做了一年的“访问学者”。其间，我参与了“全国课改实验区中考语文试题分析”

课题研究，牵头完成并出版了代表国内该领域最高水准的《全国课改实验区中考语文试题研究报告》。

从乡村到城市，从省级到国家，一步步走来，平台的逐步攀升将我的思路引向更为深广的领域：孩子们在启蒙阶段的思维养成，中小学的学段衔接，语文教学的“格局”定位和“秩序”建设，作文教学、古诗词教学、课堂教学评价，等等。在诸多问题的思考中，在一步步扎扎实实的调研与探索中，我和我的团队摸索并建立起了一系列教学流程及活动范式。其中，“五步对话”教学流程在邯郸市广为应用且收到很好的教学效果，在河北省和国家级语文教学活动中也颇受关注与好评。

在我从业的40多年里，国家也在发生着翻天覆地的变化。每一个阶段的课程改革和教学改革，都给我的研究方向以更多提醒，也为我的研究课题衍生出新的生长点。回望沧桑，我常心生感叹：我们的视野、格局能够与国家、教育的发展同频共振，甚感幸运与自豪。感谢曾经的那段艰苦岁月和郭场村的孩子们，感谢北京师范大学的郑国民老师和众多帮助并支持我的良师益友，感谢一起研究、共同成长的语文老师。

这本文集从“语文教育思考”“语文教学探索”“教材文本赏读”三个角度，汇聚了我在“九五”“十五”“十一五”“十二五”四个时期立项的国家、省、市重点课题的研究成果及40余年的专业思考：有课堂教学体系建构解读，有教研活动范式探索，有不同课型的教学分析和案例分享，也有邯郸市在河北省评优课中获一等奖的部分教学设计及点评分析。集文成册，希望能给年轻的语文老师一些启示。

词语匮乏，难以穷尽对职业的深深眷恋；笔墨生涩，无法挥洒藏匿于心中的教育情怀。仅以粗浅的文字浇灌出这本文集，致敬我最钟爱的语文。

# 目　录

## 辑一　语文教育思考

## 辑二 语文教学探索

## 辑二 语文教学探索

## 辑三 教材文本赏读

# 辑一　语文教育思考

昨夜西风凋碧树，独上高楼，望尽天涯路。

# 为孩子们搭建一个思维成长的平台

## ——从民国语文课文《胡子》看启蒙阶段的思维养成

**引言：**在孩子们的成长过程中，思维习惯和思维能力是老师和家长共同的关注点。“动脑子”“善思考”“有想法”已成为评价孩子“优秀”的重要指标。有了良好的思维习惯和思维方式，方能在知识爆炸的时代，面对错综复杂的事物时，以聪颖启动思维，用智慧面对挑战。

小时候在家里一个盛满书的纸箱子里翻出过一本“老书”，没有封面，也不知书名，书里有一段文字给我留下了很深的印象。多年后，当民国语文教育进入人们视线时，才知道这是民国小学语文教材里的一篇课文《胡子》。课文的内容是这样的：

儿子问：“王伯伯怎么会有胡子？”

父亲说：“他年纪老了，自然有胡子。”

儿子又问：“王伯母也老了，为什么没有胡子呢？”

父亲笑着说：“女人自然没有啊。”

儿子说：“不对！我们家里新养小猫的老黑猫，不是女的么？怎么它也有胡子呢？”

这篇课文极具生活色彩，简单、通俗、易懂、有趣。五段话，有问有答，把父子间的对话情态形象地表现了出来。课文从生活现象切入，自儿童视角起笔，用“父子对话”的形式把“儿子”对生活常态现象所产生的疑问生动地呈现在读者面前。

第一句看似是自然、常态的一个发问，实则又是生理科学方面的问题。这一问，把儿子的好奇心充分展示了出来，而这样的好奇心也正是孩童时代极其珍贵的思维萌芽。

父亲的回答显然是信手拈来，既无法自圆其说，也满足不了儿子的疑问。儿子瞬间就捕捉到了父亲回答的漏洞——“年纪老”，并由此展开追问攻势：“王伯母也老了，为什么没有胡子呢?”

父亲接下来的回答有点敷衍，一个“笑”字透出了父亲的这种心理状态。显然，父亲并没有把儿子的这两个问题当回事，只想尽快结束这次对话，从“自然”一词中可以读到父亲的心理活动。

但是，儿子依然穷追不舍，最后一段把对话情景推向高潮：“不对!我们家里新养小猫的老黑猫，不是女的么?怎么它也有胡子呢?”由此，一个思维缜密、反应敏捷、逻辑性强的儿童形象跃然纸上。

在孩子的成长过程中，思维习惯和思维能力是老师和家长共同的关注点。“动脑子”“善思考”“有想法”成为评价孩子“优秀”的重要指标。有了良好的思维习惯和思维方式，才能在知识爆炸的时代，面对错综复杂的事物时，开动思维机器，用智慧超然面对。

然而，在最基础的教育过程中，思维的位置还略显尴尬。老师和家长对“思维”的理解还处在模糊阶段，因模糊而产生了距离感，因距离而游离于“思维”之外。因此，大家对属于“思维”评价范畴的教育目标和教学目标或“敬而远之”，或束之高阁。对于老师而言，知识、考点是最重要的；对于家长而言，分数、名次是最重要的，大家共同忽略了知识与思维、思维与考试的必然联系。

当我们的教育对象处于思维凝滞状态的时候，其表情应该是茫然的，所表现出的内心活动常常是“不知道”或是“为什么”。这时候，无论是老师还是家长，通常会用各种语气催问，如“你动动脑子啊”“能不能想一想啊”等，这样的话语更是让孩子茫然无措、无以应对。于是，结论式的标签就贴上了——“笨”“懒”“不动脑子”。

其实，孩子们的这种思维懒惰现象是由不良的思维习惯导致的，也是思维意识的自然延展。

反思我们的教育过程，无论是家庭教育还是学校教育，我们给孩子“动脑子”的机会了吗？我们又给孩子提供了多少“想一想”的平台呢？家长常常是没耐心等待孩子“想一想”，老师常常是没时间等待孩子“想一想”。一个问题出现后，孩子还没有反应过来，结论马上就给到位了。家长的急躁情绪和老师的不耐烦阻断了孩子“想一想”的过程。久而久之，“懒孩子”就越来越多。

随着人们对教育质量的要求不断提高，对孩子的期待值不断增加，我们开始反思教育的诸多环节，反思教育过程中的各种行为，也开始回眸审视我国古代和近代的教育理念和教育方式。

民国，向来被誉为中国文化史上的重要时期，文化个性十足。该时期的大师更是为世人瞩目，无论是被梁启超盛赞为“不独为中国所有，而为全世界之所有之学人”的王国维，被誉为“教授的教授”“大师的大师”的陈寅恪，还是中国著名哲学家、教育家冯友兰等，都为后世留下了极其珍贵的文化遗产。由此，民国时的教育也备受后人关注，民国语文教材也曾一度引发了语文界的热议。我们在翻阅一篇篇充满着浓郁生活气息的课文同时，也被课文中处处隐含着思维价值的文字吸引，希望能从中窥探出大师们对语文教育的思考，找寻到儿童启蒙阶段思维习惯的养成方式，为今天的语文教育提供一些可借鉴的经验。在翻阅课文的过程中，类似《胡子》这样生动有趣且充满思维价值的课文随处可见。如：

风呀！
你吹落了春季的桃李，
吹落了秋季的梧桐。
那些美景，
都被你吹得无影无踪。
风呀！
我要问你：

你为什么欺侮柔弱的花木，
却不能摧残那翠竹苍松？

这是课文《风呀》中的一段文字，既有真实鲜明的情感流露，也有引发读者思考的角度。还有一篇课文是《和冬天对话》，开头这样写道：

我们问冬天：
草黄花不开，树枝像枯柴，虫儿不见面，鸟儿也很呆。
唉！可怕的冬天，你为什么来？
太阳光微微，寒风呼呼吹，黑云密密铺，白雪纷纷飞。
喂！可怕的冬天，你来吓唬谁？

一年四季轮回的自然现象在孩子们眼里是朦胧的、疑惑的。他们喜欢色彩斑斓的春天，喜欢细雨连绵的夏季，喜欢金黄满地的秋色，不喜欢树叶枯黄、寒风呼啸的严冬。课文从孩子们的心理感受和情感愿望出发，向冬天发出了声声叩问，在对自然的描述中引出了孩子们的心理困惑。是啊，为什么呢？为什么不能四季如春呢？一个个看似很稚气的问题折射出了孩子们对自然的好奇，也正是这种好奇，逐步构成了孩子们思维世界的雏形。

爱因斯坦曾对“思维”做了简洁而又通俗的阐释：“思维世界的发展，在某种意义上说，就是对惊奇的不断摆脱。”“惊奇”产生于疑问、困惑、不解。如此，我们或许可以这样理解：“惊奇”是思维的源头和动机，也是启迪思维的缘由和契机，同时“惊奇”还是儿童时期或者说是教育启蒙阶段最为稀缺的“思维”资源。

那么，如何在孩子的启蒙阶段培植他们的“好奇”和“惊奇”呢？如何培植他们的思维意识和思维习惯呢？针对孩子的年龄特点和教育特点，我们可以从以下几个方面给予关注。

第一，为孩子提供具有“文面”思维价值的阅读对象，让他们在自然阅读中产生思考。

阅读是孩子们养成语文思维习惯并获得语文思维能力的重要渠道。但是，纵观当前种类繁多的书籍，平面描述事物、叙述故事的居多，无论是自然现象的描述还是生活现象的记叙，大多是直接告知读者“是什么”，让读者轻而易举就获得了感官认识和结论。在儿童读物里，有《小猫刮胡子》这样一个故事，书中写道：

> 咯吱，咯吱，主人的两腮满是白花花的肥皂沫，他正对着镜子，聚精会神地刮胡子。
>
> 小花猫在一旁仰着脑袋，碧绿碧绿的大眼睛，一眨不眨地看着主人刮胡子。
>
> 主人刮完胡子，走了。
>
> 小花猫觉得自己的胡子老长老长的，太难看，就学着主人的样子，也把胡子刮得干干净净的。
>
> 晚上，小花猫追捕老鼠。老鼠很狡猾，从墙上一个小洞里钻了过去。
>
> 小花猫追了过去，却一头撞在墙上，撞得鼻青脸肿。
>
> 猫妈妈看见了，耐心地对小花猫说：“你的胡子好比一把尺子。你能不能从洞里钻过去，先要用尺子量一量。你把尺子刮掉了，当然会碰得头破血流!”
>
> 从那以后，小花猫再也不刮胡子了。

这个故事原本是有思考角度的：小猫的胡子有什么作用？为什么不能刮掉？但这些思考点却被猫妈妈直接告诉给了读者，于是，读者仅有的一点点思考机会也被剥夺了。

同样是和“胡子”相关，同样是生活中的常见现象，《胡子》一文处处有玄机，句句带思考；而《小猫刮胡子》则完全是讲了一个平面故事，如果把最后两段文字换成这样：

小花猫百思不得其解，为什么老鼠可以进去，我却不能进去呢？过去我也追过老鼠却从来没有被撞成这样过，今天是为什么呢？小花猫带着种种疑问去找妈妈了……

如此，文章结尾就给孩子们留下了阅读的思维空间，方便他们在阅读过程中产生“好奇”和“疑问”，为思维习惯的养成提供基本保障。

有一篇文章，是要求孩子和家长一起读的：

阳光像金子，洒遍田野、高山和小河。田里的禾苗，因为有了阳光更绿了。山上的小树，因为有了阳光更高了。河面闪着阳光，小河就像长长的锦缎了。

早晨，我拉开窗帘，阳光就跳进了我的家。

谁也抓不住阳光，阳光是大家的。

阳光像金子，阳光比金子更宝贵。

细读文段，从开始到文末都是平面描述，没有对现象的思考，也没有问句出现。这样的文字即使是孩子和家长一起读，其结果也只能是被文字牵着走。

下面这段文字是写“萤火虫”的，由阅读直接引发的思考会让孩子们怦然心动：

小萤虫，点灯笼，
飞到西，飞到东。
飞到河岸边，小鱼正做梦。
飞到树林里，小鸟睡得浓。
飞过张家墙，张家姐姐忙裁缝。
飞过李家墙，李家哥哥做夜工。
小萤虫，小萤虫，

何不飞上天，做颗星儿住天空？

这段文字看似是一个平面描述的文本，但是，因为有了最后一个问句，就启动了孩子们的好奇心并引发他们的思考。或许这样的思考距离孩子们的认知能力还很遥远，或许这样的思考并没有一个科学的结论，但是，“好奇”的产生、“思考”的瞬间就已经触碰到了孩子们的思维中枢神经，为他们阅读习惯的形成培植了良好的土壤环境。

第二，创设生活情境，用自然生活中的各种现象引发孩子的思考。

生活中具有思考价值的现象随处可见，要注意用发问的语气引发孩子们的关注。自然界的花开花落、草长莺飞，天空中飘荡的白云，地面上流淌的小溪……这些现象都是发问的素材。如果能够利用简单的生活现象和自然现象引发孩子们的好奇和思考，便可以频频触碰到他们的思维领域，激活他们的思维灵感，从而促使他们养成“好问”的思维习惯，让他们在直观思维的过程中发现事物之间的内在规律。

由于家长们的文化水平不同，给孩子们提出问题的角度也就各不相同。但无论什么样的发问，结果都不重要，重要的是“问”的意识和“问”后的思考过程。对于孩子们而言，这种意识和思考过程或许比获得某一知识更有价值，更能够对今后的学习产生积极的影响。

设想这样一个情景：秋天，很多家长带着孩子们去果园采摘，当孩子们欢快地在苹果园里跑来跑去并希望能摘到又大又红又甜的苹果时，我们可以向孩子们提出这样几个问题：为什么一棵树上的苹果有的红有的青呢？为什么一棵树上的苹果有的大有的小呢？为什么一棵树上的苹果有的甜有的不甜呢？这样的问题虽不至于产生类似牛顿发现“万有引力”的结果，但依然能带给孩子们一些对奇异现象的思考。况且问题本身的难度并不大，果园的老伯伯就能讲清楚。我们可以带着孩子去请教果园里的老伯伯，让孩子在获得知识的同时，也获得欣喜。此时的场景可以给孩子这样的感觉：生活中处处有学问，看似平凡的老伯伯，也是自然知识的拥有者。此外，这个过程还可以培养孩子对劳动者的尊重和敬畏之情。

生活中可以发问的现象很多，如种子的发芽，幼苗的成长，树叶的伸展、枯黄、飘落等，这些都可以设置成“好奇”的切入点，以引导孩子的追问和思考。当各种奇异的现象进入孩子们思考范围的时候，思维习惯就已经逐渐形成了。

因此，在和孩子们的对话中，老师和家长要刻意创设一些情景、设置一些问题，引发他们的好奇和思考，培养他们的思维意识，使他们逐步养成“质疑”“发问”的良好习惯。

第三，借助文本层层设问，引发孩子对语文学科知识的思考。

小学教育是孩子们进入系统教育的启蒙阶段，小学教材也是孩子们学习的重要依托。因此，老师要充分发掘文本的思维价值，给孩子们创设思维空间，满足他们的思维需求。

一是设计出有思考价值的问题。学习的思维活动总是从问题开始的，因此，老师要根据孩子们的认识基础和思维发展规律，精心设计问题。老师通过创设问题情境，设置悬念，开启孩子们的主动思维意识。同时，要遵循语文学科的特点，设计出有层次感的问题。如课文讲了什么故事？你从中获得了哪些有价值的信息？如果让你从课文中找出 5 个和主题相关的词语，你会选哪些呢？你能用简单的话概括这篇文章的主要内容吗？在概括中你会使用哪些词语表达自己的想法呢？这些问题的设计，可以促使孩子们养成良好的阅读习惯。

二是要注意给孩子们预留思维空间。课堂上，当老师提出问题让孩子们思考的时候，要给他们留出思考问题的时间，让他们有一个思考过程。课堂作业要尽量让孩子们在课上写完，这样，老师可以看到孩子们从凝神思考到欣然满足的过程。有的老师习惯把作业留到课下，这样的方式很容易让一些孩子放弃思考的过程，而选择搜索答案、抄写答案。久而久之，这些孩子就会愈发懒惰。

第四，为孩子提供具有思维价值的书籍，让他们在选择性阅读中获得启发。

博览群书当然是好事，但是，面对各种各样的视听诱惑时，阅读有时就会被挤到一个狭小的空间里。此时，选择性阅读对孩子们来说就显得尤为重要。老师和家长要珍惜孩子们的阅读时间，为其选择有价值的书籍，引导他们阅读。从思维的角度看，《十万个为什么》依然是孩子们最好的阅读对象，这本书处处充满了对生活和自然现象的思考，孩子们读起来也会兴趣盎然。

第五，开启“慢节奏”对话模式，给孩子预留思考空间。

在生活常态的对话中，我们常常和孩子们谈论一些话题，此时，我们要注意放慢节奏，给孩子们思考的空间，而不是急于从他们口中得到结果，甚至用所谓的“提醒”打断他们的思考。如果我们多一些“想一想”“再想想”这样的话语，多给孩子们一点思考的时间，他们就会知道，遇到不明白的问题时，需要“静一静”“想一想”，这时候的“想一想”也就是思维的萌芽了。

由此看来，在孩子们的启蒙教育阶段，时时注入“思维”的因子，处处渗透“思维”的元素，也就为他们搭建了一个思维成长的平台。孩子们通过这个平台可以形成良好的思维习惯，获得较强的思维能力，并逐步形成深邃的思想，以应对未来社会的各种挑战。

# 让“对接”在“无痕”状态中进行

## ——中小学语文的“衔接教学”思考

**引言：**学生成绩不理想，几乎所有的老师都能把原因归结到“基础不好”。推来找去，前一个学习阶段总是受到现阶段老师的指责。如果我们都能关注到学生各学段之间的衔接，关注到学生未来发展的需求，或许，这样的埋怨和牢骚会少一些，相互的理解与合作会多一点。

“义务教育”包括两个阶段：小学六年和初中三年。从课程上看，小学是基础课程，其课程内容安排与教学要求均以“基础”为核心；到了初中，学科增加了，课时增多了，内容也由“基础”逐渐转为“综合”与“应用”。单从语文学科看，小学阶段的阅读、写作与初中阶段的阅读、写作，无论是教学方式还是学习方式，都有很大的变化。小学阶段语文成绩还不错的学生，到了初中，可能学习起来颇感吃力。半年过去后，有的学生语文成绩就像断了线的风筝往下掉。很多人把学生语文成绩不理想归咎于初中语文老师，归咎于初中学科数量的增加，归咎于学生的学习方式和学习态度。其实，这些都不是最主要原因。最主要原因是中小学语文的衔接出现了问题，也就是我们常说的“衔接问题”，我们把它叫作“断层”。

在语文学习上遇到“断层”后，受各种因素的影响，有的学生跨过去了，后面的学习就很顺利；有的学生没有跨过去，学习状态受到影响，学习成绩就开始下滑。那么，这种“断层”是如何形成的呢？从教学的角度看，我们该如何帮助学生跨越这个“断层”呢？

### 一、“断层”形成的原因

中小学语文的“衔接问题”由来已久，“断层”形成的原因也是多方面的。下面仅就几个主要原因做一些分析。

### （一）课堂教学差异导致的“衔接断层”

从语文课堂教学看，无论是老师的教学方式还是学生的学习方式，初中和小学都有着很大的区别。其主要表现形式有以下两种。

**1. 教学习惯的不同**

小学和初中虽同属义务教育阶段，但小学老师和初中老师的教学习惯有着很大的不同。这种不同，除了受教材和《语文课程标准》的影响外，还有学段评价方式的影响与老师教学惯性的影响。

一般来说，小学语文老师从小学一年级带班到六年级，语文教学是从最基础的汉字认读，到高年级的阅读与应用。这个阶段包含“低、中、高”三个学段，《语文课程标准》也分别对这三个学段提出了教学要求。因此，小学阶段的教学任务是漫长的，是有梯度的，老师的教学认识也是循序渐进的。到了小学高年级，原本应该有所进阶的教学要求，受老师教学惯性的影响而延缓实施；小学阶段的语文教学目标，也会因老师过多纠结于基础知识教学而受到一些影响。

从学生的角度看，不是所有学生都齐刷刷地并行发展。有的学生受学习方式和学习态度的影响，对知识的接受明显感觉吃力。这时，老师的教学进度和教学方式就会受这些学生的影响，并因此导致了学段教学对接上的缓慢，直到小学阶段结束，这种对接依然没有跟上来。

从某种意义上说，初中语文已经进入文学教学阶段。老师们的教学行为受《语文课程标准》和中考试题的影响，自新生入学就启动了“初中模式”。这种模式和小学模式没有过程上的对接，没有知识上的对接，也没有教学方式上的对接，大量的语文知识和文学知识一下子涌到了学生面前。老师的讲课方式也没有了小学课堂的“舒缓”与“温和”，而是按照初中模式起步，开跑，这就意味着一批学生从起步阶段就开始了“不适应”。这种“不适应”并没有及时引起师生的注意，老师依然用习惯了的“初中模式”进行教学，学生则是很吃力地在适应这种模式。期中测试成绩出来，一部分学生的“断层”已经显现，语文成绩的“分化”期正式到来。

**2. 教学方式的不同**

从语文课堂的教学方式和学习方式看，小学和初中有着很大的不同。小学语文课堂的教学过程更多的是一些随问随答，而且是动口不过心的问答。为了迁就“学困生”，很多问题的设置还停留在视觉层面，并没有进入思维层面，而视觉层面的问题设置很难给学生的思维发展带来机会，既影响了学生的思维兴趣，又无法让学生养成良好的思维习惯。

到了初中，面对课堂上链条式的问题，面对阅读中的深度思考，学生显得很不适应。这样的学习状态对学生的学习兴趣和学习信心产生了极大的负面影响，随之而来的就是学生的学习成绩下滑和层级分化。

思维能力是初中语文教学中很重要的一种学习能力。没有思维能力，学生就无法和老师的教学进度相适应。思维跟不上，学习过程中就会有“夹生饭”。“夹生饭”多了，就会被进度拖垮。我们在初一课堂上经常见到这样的情形：面对老师提出的问题，有的学生一脸发呆的表情。仔细观察，这些学生并不是被知识“围困”而“发呆”，而是没有启动思维神经，没有进入思维状态中来，或者说是根本没有“入心”。其实，这类学生并非少数，很多“满堂灌”的课堂现象也是由此衍生出来的。因此，由教学方式带来的学生思维能力缺失，是造成中小学语文“断层”的一个重要原因。

（二）阅读上的差异导致的“衔接断层”

阅读，是中小学语文教学的重要课程，也是主体课程。因此，阅读习惯、阅读能力就成了影响语文成绩的重要因素，也是导致中小学语文“断层”的一个重要原因。

**1. 课文选编的差异**

小学语文教材中的文本量和初中语文教材中的文本量基本持平，每册有 24—28 篇课文。由此看，阅读教学依然是中小学语文学科的主要课程。从课文内容上看，小学语文课文和初中语文课文相差很大。从文字量到内容，从作品的教学资源到文学影响，小学课文都无法和初中课文形成合理的衔接。很多学生在阅读某些课文时常常会出现“读不懂”的表情。

**2. 阅读方式的差异**

在初中阅读教学中，最为常见的学习障碍是学生不能迅速地提取文章的主要信息。提取文章信息的能力不是朝夕间就能形成的，它根植于长期阅读基础上的习惯和意识。这种习惯和意识形成的前提条件是能够运用多种读书方式进行阅读，如默读、速读、跳读、浏览等。因此，没有小学的阅读基础，没有良好的阅读习惯，就很难有面对长篇文章时的流畅阅读和准确的信息提取。

基于小学课文的特点，学生已经习惯了阅读简短课文，习惯了使用朗读的方式进行文本阅读。到了初中，当面对长篇课文或信息量较大的课文时，学生的阅读速度往往跟不上来，默读、速读、跳读、浏览的阅读方式也无法娴熟地运用，因此，对核心信息的判断和提取也就会感到茫然无措。在初中，这种“读不懂”的状态将会影响教学进度，影响学生对课文的进一步理解，影响测评中的阅读题答案，也就直接影响学习成绩。

（三）评价上的“断层”

评价是教学的导向，有什么样的评价方式，就会衍生出什么样的教学方式。小学语文与初中语文在知识评价上有着很多的不同，从题型、题量到考查的知识点都有各自的表达方式。受中考题型的影响，这种差异年复一年“合理”地存在着。因此，评价上的断层也是影响中小学语文衔接的重要因素。

和几位小学语文老师聊天，谈到语文试题的特点和命题方式时，老师们也有很多苦衷：学校很看重学生的成绩，家长也习惯用“双百”作为评价孩子成绩好的标准。有的孩子在小学低年级一直是“双百”，如果到了高年级就不是了，家长有情绪，老师也有压力。由此看来，知识评价的环节在一些学校已经失去了应有的教学导向功能，成了纯粹的“分数单”。

**1. 题型的差异**

从评价题型上看，小学阶段大多是填空题、选择题和判断题。这样的题型从记忆思维的角度看，大多是碎片式的，标准答案也无须经历系统思维和组织语言的过程。这样的评价，在标准上往往是简单的“词语式”和

“要点式”，学生凭借记忆或从原文中找答案即可获得满意的分数。从阅读理解题型看，一篇文章的后面，有一半以上的题是考查基础知识的，而真正属于思考性的理解题所占比例很小。

到了初中，学生面对第一张语文试卷常常会有一头雾水之感。先不说文字密密麻麻好几页，单说好几篇长长的文章，后面又跟着一连串的问题，就能直接让学生望而生畏，更不用说看了几遍都看不懂的文章和“题干”。这种状态下的语文成绩就可想而知了。

**2. 题量的差异**

题量大是初中试卷的主要特点。题量大表现在两个方面：一是阅读量大；二是考查点多。这两个方面都需要学生具有一定的阅读能力和思维能力，同时还要有一定的书写速度。而小学语文试卷和初中语文试卷在题量上有着很大差别，究其原因：一是惯性命题；一是中考影响。

受小学低年级的教学影响，小学五、六年级的阅读量没有学段跨越的储备。在调阅了5所学校六年级的期末测试卷并对其分析后发现：卷面依然是“行距稀疏”，阅读部分的选文依然短小，整套试卷从文字量上和初中试卷的差距很大。

但是，受中考试题和初中学段的时间影响，学生一跨进初中校门就开始了备战中考的“演练”：密密麻麻的文字是初中语文试卷的一大特色；题型、考点，都要和中考试卷对接；标准答案、评卷方式也要严格按照中考的要求进行。成绩出来后，家长恐慌，学生恐惧，老师焦虑。其后果是学生自信心的丧失、语文学习兴趣的缺失、语文学科成绩的两极分化。

**3. 题点的差异**

为了寻找中小学语文“断层”的原因，我曾经对3个出版社出版的小学五、六年级的“同步练习”进行了分析，并从中发现了一些“断层”现象。

一是客观题居多。具体来说，就是填空、选择、判断、连线、默写等题型居多。有的在一篇课文练习里，仅句型练习题就占了半页。更有甚者，几乎每课都有这样的题型。无法想象，学生每天熬夜反反复复做题的时候，会生发怎样的感触？他们会对语文——这个闪耀着民族文化光辉的学科，有着怎样的基础认识和原始记忆呢？

二是阅读理解中的填空题多。原本是阅读理解，但命题方式却是简单的选词填空式，只要从原文中找到相应词语，这个题的正确答案就有了。而真正需要理解思考的题型很少，需要用语言组织答案的题型少之甚少。这样的作业，无法从思维和语言表达层面给学生提供训练机会，也无法培养学生的思维习惯、思维能力及语言运用能力。

三是选文内容粗浅。虽是阅读知识评价，但阅读的选文也应该是具有文学价值的经典作品。在视频、图像等资源遍及每一个角落的时代，我们应该珍惜学生每一次阅读的机会，让学生看到更多经典的文字，让他们在阅读中感受文学语言的魅力，感受文学作品的情感内涵，培养他们的阅读兴趣。如果练习册所选文章内容粗浅，既没有阅读价值，也没有思考价值，让学生为做题而阅读，这样的阅读评价既不能提高学生的阅读水平，也无法对学生的思维训练有任何帮助。

由此看来，小学语文评价中的命题及阅读材料的选用，与初中起步阶段的知识评价和期中测试，成了中小学语文相互对接的一个卡扣。卡扣卡好了，就无痕了；卡不好，就断开了。这也是中小学语文衔接中“断层”形成的一个重要原因。

## 二、规避“断层”的几点思考

面对影响中小学语文衔接的诸多因素，我们该如何跨越“断层”，让学生完成无痕过渡呢？

### （一）提高汉字的正确书写率和书写速度

汉字书写是语文学科中的基础之基础。从小学低年级起，老师们就提出了正确书写和美观书写的要求。随着学生年龄的增长，老师也从关注学生正确书写转向关注学生的书写速度。书写速度其实也是一种书写习惯，是在正确书写基础上的高阶书写能力。书写速度快了，作业就能按时或提前完成，就能在课堂上记录更多的知识信息，就能在考场上从容运用时间思考、答卷。因此，快速书写可以让学生把学习变得从容而又快乐。

### （二）基础积累要从口头表达转为文字表达

小学阶段的知识积累一直是老师最注重的教学内容，到了初中，老师依然在基础知识上狠下功夫。但是，强化记忆不能仅停留在口头表达或背诵上，还要通过文字书写的方式检测学生对基础知识的掌握情况。在这个教学环节中，“听写”是一种很好的学习方法。俗话说得好：“好记性不如烂笔头。”要让学生在认知的基础上，完成对生字词和句子的听写，并在反复听写的基础上达到强化记忆的效果。

与此同时，对一些理解性的知识，如词语的积累和运用、成语的理解和运用、句子的理解、语言的表达等，也可以通过文字书写的方式进行检测，让学生养成动笔的习惯，而不是仅仅停留在口头表达的层面上。久而久之，学生的语言表达就会从口语化表达转为文字语言表达，这也是语言表达的一个训练过程。

### （三）要增加文本阅读的量与质，培养学生良好的阅读习惯

阅读是提高学生语文成绩的重要一环，没有阅读，就没有语文。学生在小学六年的学习中，由于识字量的局限，其阅读范围会受到一定的影响。经典文章有其独有的价值和营养，这些价值和营养不会因个别字词的陌生而影响学生的阅读感受，我们不能让学生在小学这个漫长的学习时段里一直陪着“时文”度岁月。要让他们时时和经典接触，时时和经典对话，时时感受经典的魅力。即使是个别的阅读障碍，也没有关系，经典作品中的思想和内涵可以让学生们忽略这些障碍的存在。况且，障碍见得多了，也就不是障碍了，学生在阅读中，会慢慢理解并熟悉这些障碍，最后使其成为涵养自己一生的精神财富。

老师要引导学生阅读一些文质兼美的文章，阅读一些具有丰富的语文资源和思想内涵的文章。阅读时要逐渐加快阅读速度，还要逐步培养学生对文章信息的敏感度，并保持阅读的流畅和完整，让学生在没有“问题”干扰的状态下和文本相见，相识，以获得阅读的“通感”。如果先提出问题，让学生带着问题去阅读，学生就会边读边找答案，这样的阅读方式会

干扰阅读的整体效果，影响学生的阅读情绪。

### （四）阅读训练要增加有思维含量的题型

在阅读训练中，要逐步培养学生的思维意识、思维习惯，要让学生从惰性的阅读状态中解脱出来，培养他们喜欢“想”、愿意“想”的思维兴趣。在阅读训练中，要减少一些机械的“搬家式”训练方式，减少一些拿来就用的训练题目，减少一些不需要阅读思考就能知道答案的问题。在阅读训练中，还要给学生选择一些不同难度的训练题，让学生有一个从简单思维到复杂思维的过渡，循序渐进式地培养学生的思维能力。

### （五）改变评价方式，增加衔接性评价内容

评价是教学的导向，有什么样的评价方式，就会产生什么样的教学行为。因此，对小学六年级和初中一年级进行学科知识评价时，要有阶段衔接意识，要从以下几个方面调整评价内容，完成中小学语文评价的“无痕”对接。

一是要在题量上形成对接。小学六年级试题的题量要逐步增加，题量的增加也是对学生书写速度的有意提醒。初中一年级的语文试题要适当减少题量，让学生有一个过渡适应期。不能刚到初一就用“大题量”给学生一个“大闷棍”，先把学生“打趴下”，再慢慢扶起来。这样的教学方式达不到“提醒”的目的，还会对学生的自信心造成伤害。

二是要在题型上形成对接。要在小学六年级各种语文评价中渗透一些初中题型，如多个知识点的综合选择与判断、古诗词中的应用性默写、阅读中有思维含量的主观题等。初一的作业布置和成绩测评要延续一些小学的作业形式和评价形式，要让学生有一个合理的过渡期，以确保学生高质量地完成作业，让学生的自信心始终处于良好的状态。切忌过早地让学生接触一些中考题，让所谓的“中考意识”把学生“打蒙”。

三是要在评价点上形成对接。在知识点的训练与考查上，初中和小学有许多不同。小学更多侧重一些基础性记忆；而到了初中，因为老师有了强烈的中考意识，在作业布置和测试考查上，更多是侧重理解与应用性评价。这样的评价方式，无疑给学生带来了衔接上的不适应，让学生产生了

写作业时的畏惧感。因此，小学六年级在作业的设置上和考试的命题上，要适当增加一些理解类和应用类的题目，给学生渗透一些有思维价值的评价内容。

中小学语文衔接一直是大家非常关注的话题，因此而衍生的各种补习班也是门类繁多。学生把空余时间都给了补习班，耗时、耗力却收效甚微。其实，真正起到作用的，是两个阶段的相关老师具有“衔接”意识。只要师生共同在日常学习中，扎扎实实、一步一个脚印地把“断层”连接好，就能让学生在初中起始阶段的语文学习中，始终保持着积极、阳光的心态，轻松、顺利地度过分化期并提高自己的语文素养。

# “部编本”来了，你准备好了吗

## ——初中语文教学的“格局”定位

**引言：**语文课堂教学的定位思考，这是一个常常被遗忘又时时被唤醒的话题。见惯了语文课堂上学生的迷迷糊糊，也见惯了语文课堂上老师的慷慨激昂。在教学过程中，语文老师始终处于被“肯定”与被“否定”的边界，虽废寝忘食，呕心沥血，却也“衣带渐宽终不悔”。在大家极度的纠结与疲惫中，“部编本”来了。面对“部编本”，我们又将何去何从呢？

自2017年暑期开始，所有的初一学生启用“部编本”语文教材，而其他版本的语文教材将陆续退出语文课堂。到2019年暑期后，初中教材将全部使用“部编本”。这是语文课程的一次变革，也是语文教师面对新教材的又一次挑战。这个挑战带来的不仅仅是对新教材、新课文的适应，更是对语文教育的理解，对语文教学的反思，对语文——这个带有多元符号学科的“格局”定位与思考。从这个角度看，教材的变化所引发的变革也是多元化的。

### 一、新教材带来的“格局”思考

何为“格局”？这里的“格局”，是指在使用“部编本”时的语文教学定位。“部编本”带来的不仅仅是选文的变化，更是一次课程的变革。因此，语文老师要重新审视这套教材的变化和其所承载的课程理念，调整自己的语文教育定位和语文教学定位，跳出过去一直被束缚、被局限的境地，重新构建属于“语文”的新领域和新高地。

那么，如何重建语文的大“格局”呢？思想上的转化历来是从“破”

与“立”开始的，没有“破”就没有“立”。“部编本”较之原来使用的教材，其变化是很大的，认识这些变化才能产生修正教学行为的意识。

（一）组元方式的变化

“部编本”在组元方式上较之过去的“人教版”有了一些变化。虽依然是单元组元，但是已经能够清晰地看出其“双线”结构了，即一线为“主题”，一线为“素养”。“主题组元”即按照内容主题组织单元，也就是“人教版”的组元结构，主要是针对文本而言的。“素养组元”即以“语文知识、语文能力、学习策略、学习习惯、写作、口语训练”等进行单元布局。较之过去的“人教版”，这条线明显厚重、清晰、体系鲜明，“语文课程意识”也是从这条线索上跳跃出来的。

（二）文本选编的变化

课文依然是“部编本”教材的主体。虽然课文量有所减少，但文言文的比重有了明显增加。以“人教版”为参照，“部编本”中的古诗文增加到124篇，占全部课文的51%，这种数量的变化也让我们感受到了编者的意图。从古典篇目的选文看，有民歌、律诗、绝句、词曲及散文；从现代篇目的选文看，革命传统教育的篇目比重加大，从中我们可以感受到“语文教育”的色彩在加重。

（三）教学要求的变化

“部编本”的文本阅读要求（课文后面的问题设计）由三部分组成，即思考探究、积累拓展、读读写写。从这三部分看，教学层次更加清晰，要求也更加明确具体。从内容上看，思考的内容深度明显增加，角度也更加多样；从积累的角度看，中小学衔接的关系更加凸显，这一点从“读读写写”这个训练内容上可以得到印证。与“人教版”相比，“部编本”的教学要求更加注重阅读理解、阅读感悟和阅读思考；在问题设置上，拓宽了思维空间，强调了与作者的对话关系。

如《从百草园到三味书屋》，课后设置了这样的教学要求：

一　默读课文，讨论问题。

1. 分别找出写百草园和三味书屋两部分的起止语句，想一想，这两部分是怎样连接起来的？

2. 文中说，百草园“其中似乎确凿只有一些野草；但那时却是我的乐园”，“乐园”之“乐”表现在哪些方面？

3. 试用一两个词语概括三味书屋的生活，并结合课文说说你的依据。

二　有人认为美女蛇的故事是赘笔，没必要写。你是否同意？简要说明理由。

三　文中的“先生”是一位“渊博的宿儒”，但他对“怪哉”这虫是怎么回事却不予回答；他有一条戒尺，但是不常用。先生还有哪些看似矛盾的表现？你怎样评价这位先生？

这篇课文仅“思考探究”部分就有 6 个思考点，这是过去任何版本的语文教材都没有的。从这点看，“部编本”教材的编写者希望能在“思维”层面上加大权重，以提高学生阅读思维的能力。如：

四　朗读并背诵第 2 段描写百草园的文字，完成练习。

1. 这一段描写景物，有近景，有远景；有静态，有动态；有视觉、听觉，还有味觉。百草园的一切，在少年鲁迅的心目中显得那样生机勃勃，情趣盎然。试据此对这一段景物描写的方法做简要分析。

2. “不必说……也不必说……单是……”中，哪个内容是强调的重点？前两个“不必说”在表达上有什么作用？

3. 仿照这段文字，描写一处景物，用上“不必说……也不必说……单是……”这个句式，并注意合理安排描写的顺序，运用多种描写方法。200 字左右。

五　文中那个活泼可爱、尽情玩耍的小鲁迅宛在眼前，你看到文字后面那个拿笔写作的“大”鲁迅了吗？你觉得这个“大”鲁迅是带着怎样的情感来写本文和《朝花夕拾》中其他文章的？请结合本单元后的“名著导读”栏目的相关内容谈谈你的认识。

这个版块的教学要求相对于“人教版”有明显变化。积累训练已不仅仅局限于认识写景的方法和特殊句式了，而是转向了分析和运用。拓展的方式也过渡自然，《朝花夕拾》的呈现角度恰到好处地引出了导读训练的要求。

类似这样的课后教学要求还有很多。由此看，课文虽然没变，但是要求增加了，教学理念和教学行为自然也要发生变化。如果我们还以“课文没变”为由，依旧停留在过去的教学方式上，那就是“穿新鞋走老路”了。

（四）写作体系的变化

“部编本”较之“人教版”，变化最大的一个内容就是写作体系的重建。“部编本”的写作体系从“热爱生活、热爱写作，学会记事，写人要抓住特点，思路要清晰，如何突出中心，发挥联想与想象”等角度设置了教学内容；同时也对写作提出了一些具体的要求，如写出人物精神、学习抒情、抓住细节、文从字顺、语言简明等。

## 二、新教材需要的“格局”定位

面对“部编本”的诸多变化，我们该如何重新审视对语文教育的理解？如何调整教学方式？如何面对语文教学评价？如何跟上《语文课程标准》的要求，准确把握并使用这套教材？这是广大语文老师共同面临的问题。

（一）教材变化带来的课程意识的“格局”定位

尽管《语文课程标准》自 2011 年开始就进入了我们的视野，也一直引导着语文教学的方向，但是，在基层教学中，《语文课程标准》的地位和影响远远不如《考试说明》更为深入人心。人们对《语文课程标准》的关注仅仅停留在意识里，其“形象”虽让人敬畏，但内容是模糊的、朦胧的，是“藏”在人们心里的一种“圣品”；而《考试说明》则是人们常常挂在嘴边且时时提醒、时时翻看、逐句对照、逐字分析的“珍品”。《考试说明》中的考点知识在语文教学中被逐条落实，久而久之，语文的考试功能被强化了，语文的课程功能被弱化了，语文学科的使命被遗忘了。

很多时候我们不禁自问：语文这门课程的设置，带给学生的除了考试成绩还有什么呢？如果我们自己的孩子在初中这个阶段里，作为语文老师的我们，对孩子的语文老师满意吗？我们希望孩子的语文老师教给孩子一些什么呢？这些问题或许能让我们换一个角度对语文教学建立一个新的思考体系。或者说，当我们真正面对自己孩子成长的时候，当老师和家长真正达到换位思考且又知晓语文教育规律的时候，这些困惑和遗憾才会走入我们的心里，才能让我们重新审视语文学科的课程功能。

“部编本”的使用，给了我们语文教育工作者一个契机，促使我们重新梳理语文的课程功能，给语文学科一个新的“格局”定位。

第一，语文课程承载着“立德树人”的功能，这是语文学科独有的责任和担当。曾经和一位学者聊此话题，他说我把语文学科的功能放大了。我不以为然。面对每年中考阅卷时作文中暴露出的学生成长中的许多问题，我们该追寻到哪个环节呢？家庭、社会还是学校？如果学校教育有其中的一份职责，那么，语文学科则应义不容辞担当起很重要的角色，这是由语文学科的特殊性决定的。

“部编本”初中语文教材按照“整体规划、有机融入、自然渗透”的基本思路，采用集中编排与分散渗透相结合的方式，以教材选文为主要载体，辅以精心设计的语文实践活动，使学生在学习语言文字的过程中潜移默化地受到熏陶感染，逐步树立正确的思想观和高尚的道德观，最终使社会主义核心价值观内化为精神追求，外化为自觉行为。教材的选文既有语文学科的知识特征，也有适合这个阶段学生发展的成长元素。这样的选文，既适应时代需求，又利于学生价值观的养成。

如弘扬诚信友善的《陈太丘与友期行》《驿路梨花》等，提倡爱岗敬业的《纪念白求恩》《最苦与最乐》等，倡导自由平等的《说和做——记闻一多先生言行片段》《老王》等，歌颂富强伟大的祖国、激发爱国情怀的《黄河颂》《土地的誓言》等。这些选文既承载着语文知识的功能，也承载着语文教育的功能。

从教材的编选特点看，语文的育人功能是任何学科所无法替代的，因为它有着自己的内涵和方式。如果说政治学科（也叫“道德与法制”）依赖教材中的“做人”标准引领着学生的行为成长，那么语文学科则是在成长过程中用潜移默化的文学素养浸润着学生的生命成长。两个学科的教学方式不同，带来的教育效果也不同，“说教”远不如“浸润”更能转化为人的内在动力。因此，用文学浸润的方式对学生进行身心培养，是语文学科独有的功能。

第二，“部编本”教材在选文中重点关注了“文化传承”这一学科使命。以“人教版”为参照，“部编本”中的古诗文增加到了 124 篇，占全部课文的 51%；同时在“综合性学习”栏目中还专门设计了一系列“传统文化”的活动，如“有朋自远方来”“天下家国”“人无信不立”“君子自强不息”等。这样的编选，鲜明地表达了“语文学科要重视传统文化对学生一生的影响，语文教学要为学生打好传统文化底子”这一重要意图。

### （二）教材变化带来的教学方式的“格局”定位

教材的变化必然引发语文老师的教学变化。这种变化不仅仅是“因文而变”——把陌生的课文变成熟悉的课文，也不仅仅是增加了一些内容和要求，而是在准确理解了学科思想和学科使命之后的新的教学思想的建构，是建立在学科知识之上且基于语文素养和语文能力养成的课堂形式。从这一点看，“应试”教学需要“叫停”，取而代之的是“语文素养”的深入渗透。

面对全新的语文课程，一些低效的教学方式更是无法适应新教材的各项教学要求。因此，创新教学意识，改变教学行为，成为让国家课程落地的前提需求。在全民解读“学科素养”的今天，在自上而下层层关注并研究教育教学实效的今天，作为教育链条终端的课堂，如何体现出前面所有环节的功效，是我们所有职业教育人应该面对的思考点。资金投入，组织建构，策略研究，各级行政管理、业务管理，制度建设等，都无法取代课堂这个终端环节。施教者在这里，受教者在这里，这里是教育的主阵地。因此，让最基层的受教者享受到应有的课程资源和有效的教学过程，让国家课程完整落到每一个受教者的身上，这是确保“部编本”使用好的重要一环。

强化语文素养的课堂很容易走“虚”。如何让课堂既有高视野的语文俯瞰，也有贴着地皮走的基础效果呢？基于初中学生的语文基础，很多传统的教学方式也需要延续并推广，如课堂听写、朗读背诵、读写结合等。课堂走“实”，书写习惯是关键。没有书写的课堂不是扎实的课堂，仅仅靠听（听讲）、靠看（看多媒体）、靠讨论交流是无法让知识落地的，要让学生养成用笔记忆的习惯。文字，既是记忆的需要，更是表达的需要。

在教育发展的今天，在全民对教育的期待日益增长的今天，“部编本”走进了我们的生活。面对这次课程变革，我们要从“语文教育”的高度重新定位语文教学，重新构建语文课堂，要把语文课堂的教学对象定位到“高素养、高品质、有文化”和“会学习、会读书、会思考”的“格局”上来，让广大师生在“部编本”的陪同下，健康成长。

# 秩序，让语文课堂变得更加有效

## ——谈初中语文教学的“秩序”建设

**引言**：在各种“改革”的声音下，语文课堂经常是“花样翻新”。有的老师把“个性化”错解为“随意讲”，把多种理解当成“怎么讲都行”。满堂灌，灌的是知识碎片；天天练，练的是重复的内容。文本的核心价值不能聚焦，课程高度就无法到达。因此，语文教学急需建设一套可遵循的教学秩序，为常规语文课堂教学提供一个“温饱型”抓手，以确保语文教学的完整实施和语文知识的有效传授。

一个社会、一个家庭、一所学校乃至世界万物的存在和延续都需要秩序。行路没有秩序就会堵塞，生活没有秩序就会杂乱。同理，课堂教学也是如此。

语文课堂的质疑声音很多，其主要原因就是秩序的缺失。在各种“改革”的声音下，有的老师把“个性化”错解为“随意讲”，把多种理解当成“怎么讲都行”。满堂灌，灌的是知识碎片；天天练，练的是重复内容。文本的核心价值不能聚焦，课程高度就无法到达。因此，语文教学急需建设一个可遵循的教学秩序，为语文老师提供一个“温饱型”抓手，以确保语文教学的完整实施和语文知识的有效传授。

那么，什么是语文教学的基本秩序呢?

单从词语上看，“秩序”是指有条理、不混乱的情况。“秩序”和“无序”构成相对的概念，从这个意义上说，“秩序”也就是“有序”。

初中语文的教学秩序可以理解为：遵循《语文课程标准》的要求；尊重语文课程设置的内容；正确理解教材各个板块的要求；根据文本所承载

的语文知识，合理安排教学内容；根据学生的学习现状合理安排教学流程等。

从这几个角度看，由于各种因素的干扰，当前的语文教学现状依然存在着许多无序的问题，主要表现在以下几个方面。

一是对教材的价值和地位认识不够，有些老师喜欢按照自己的方式增删内容。语文是一门课程，教材是这门课程的主要载体。语文老师要依傍教材这个载体把知识传授给学生，学生也将从教材中获得课程规定的相关知识并通过学习过程形成语文能力和语文素养。因此，教材的功能是不能小觑的，也是不可忽视的。

同理，教材的价值也是不可低估的。文本作者，文学价值，国内外文学作品、不同时代文学作品、不同体裁文学作品的比重等诸多方面，都是编写教材要考虑的内容。而更重要的是，学生在初中学段所需要的成长元素有哪些，教材就应该为他们提供相关的教学内容，这也是对学生成长的负责和尊重。

从这几个方面看，教材所包含的教学价值是任何课外读物都无法替代的。而那种以所谓的“应试”为由，用大量的时间让学生做中考题以取代正常的教学内容的行为，无异于舍大求小。这样做的后果是削弱了课程标准，丢弃了课程资源，影响了学生正常的语文学习过程，影响了学生语文能力及语文素养的形成，给学生带来的损失是终生的。

到了九年级，为了给中考复习留出足够的时间，“赶课”早已成为常态。在“赶课”的过程中，有的老师让学生读一遍课文就算学过了，有的老师则用“撑竿跳”的方式把很多课文“闪过”。有一个常年教毕业班的老师告诉我：“我教了好多年毕业班，有一天突然发现，九年级的课文是这样的美好，读一遍竟然带给我诸多的感悟和人生的启迪，想想很是愧对毕业了的学生们。为了赶课，没有让他们好好读一读这些文章，这真是一个无法弥补的遗憾。”

学生到了九年级，课程为他们安排了这个年龄应该学习的课文，这些课文是能让学生们终身受益的。其中有启迪人生的名篇，如《敬业与乐业》《傅雷家书》《致女儿的信》等；有名著节选，如《智取生辰纲》《香菱学诗》《杨修之死》《范进中举》等；有诗歌戏剧，如《我爱这土地》《祖国啊我亲爱的祖国》《威尼斯商人》《变脸》等。这些课文，每一篇都具有沉甸甸的分量，其文学价值和文学影响是任何文章无法替代的。

二是课堂教学的时间概念模糊，课堂的有限时间不能有效利用。一个学期的课时与课程是相互匹配的，根据课时安排课程进度是每个学期开始时必做的一件事。但是，在教学过程中，教学进度往往被忽略。原计划为2课时的课文，在“学生基础差，对知识的理解太慢”的理由下，延长为3课时，甚至更多时间，导致一些课文被迫放弃，使很多经典的文章和学生失之交臂。在有的老师眼里，这些文章的舍弃并无大碍，不会影响学生的中考成绩。其实，这样处理教材，会让学生们失去和某些文学大家的对话机会，抹去一些文学样式在学生们成长中的痕迹，丢弃某些文学作品带给学生们的成长记忆。

三是不能准确聚焦教材的核心知识，课堂内容出现了“过度拓展”现象。教材有其明晰的知识体系，单元有单元要求，课文有课后思考。每一篇课文都有其独特的核心价值，如何准确聚焦核心知识，将其提取到位并通过学习活动和学生产生学习关联，这是我们应认真思考的一个教学问题。

在有的阅读教学课堂上，教学设计不是围绕文本进行，而是把重点放在了课外的延伸阅读，老师抓住一个角度无限拓展，补充了很多东西，却单单忽略了文本的自身价值。这种“过度拓展”式的阅读教学需要纠正。

四是不能合理安排教学流程，“认知倒挂”的现象时有发生。初中学生基于年龄特征和知识积累，在阅读理解上有自己的认知规律。有的老师忽略了这种认知规律，在教学流程的安排上经常会出现“认知倒挂”的现象，影响了学生对知识的获取和能力的形成。

如作者的信息介绍、写作背景的资料补充。有的老师习惯上课就讲“作者介绍”和“时代背景”，其目的是想让学生在了解相关信息后再进入文本学习，但这种方式并不适合每一节课。对于学生来说，“作者介绍”

“时代背景”和“创作背景”等内容不单单是一堆文字信息，学生要通过这些内容对文章有更多、更深的了解，对作者的创作动机和创作情感有更为深度的感触，从而在阅读过程中和作者的情感产生共鸣。当学生对文本内容还感到陌生的时候，作者的基本情况和写作的时代背景、创作背景等信息就无法产生应有的作用。只有当学生对课文有了一定的理解，作者的相关信息才能和学生的阅读情感融合在一起，这种感情的融合过程也是文学素养的形成过程。

五是不能正确处理教与学的关系，学生的学习行为没有真正形成。在语文课堂上，以讲为主的现象依然存在。老师们拿着课本就能串讲，即使是不备课，也有话可说。于是，多年来一直被诟病的“满堂灌”的教学方式始终无法真正从语文课堂上消失。对此，老师有自己的解读：学生基础差，不讲他们不明白。其实，这既是误区，也是备课过程中的一个盲区。学生的学习活动是需要设计的。试想，一节课没有链条式的问题设计，学生的思维过程就无法产生；没有思维过程，就没有思维结果，更无法谈及思维习惯。而链条式的问题设计，则需要老师在对文本进行认真研读及大量翻阅相关资料之后才能形成。而且教学中的问题设计对老师的专业能力、时间精力有比较高的要求。因此，在很多语文课堂上，链条式的问题设计还不到位，学生的思维过程还没有产生。

以上种种教学现象直接影响了语文教学效率。那么，如何构建一个良好的语文教学秩序呢？梳理出几个基本教学行为和大家商榷。

## 一、读书

教材是语文课堂教学的载体，课文是阅读教学的依托，读书是阅读教学中不可或缺的学习方式。读、写、听、说、思，读为先导。没有读书的过程，文章的内容就无法明了；没有读书的过程，文字的魅力就无法释放；没有读书的过程，语言的价值就无法体现。读书，是语文教学中非常重要的一个学习环节。古人云：“书读百遍，其义自见。”这个流传至今的读书箴言时时成为我们学习语文的座右铭，引导着我们的学习方式。

读书有多种形式，最为常见的是朗读和默读。这两种读书形式是语文课堂上必不可少的。

朗读是语文学习的重要方式之一，朗读对我们了解课文、理解课文有着重要的辅助作用。朱熹对朗读有着十分精到的解读：

> 凡读书，须整顿几案，令洁净端正。将书册整齐顿放，正身体对书册，详缓看字，仔细分明。读之，须要读得字字响亮，不可误一字，不可少一字，不可多一字，不可倒一字，不可牵强暗记。只是要多诵遍数，自然上口，久远不忘。古人云：“读书千遍，其义自见。”谓熟读则不待解说，自晓其义也。余尝谓读书有三到：谓心到、眼到、口到。心不在此，则眼不看仔细，心眼既不专一，却只漫浪诵读，决不能记，记亦不能久也。三到之中，心到最急。心既到矣，眼口岂不到乎?

朱熹要求学生从小养成正确的朗读习惯，还要求学生朗读时“字字响亮”“不可误一字”“不可牵强暗记”，而且要“逐句玩味”“诵之宜舒缓不迫，字字分明”。做到以上这些，我们便可深刻领会阅读对象的意义、气韵、节奏，产生一种“立体学习”的感觉。

朗读是通过声音体会文章节奏感和韵律美的过程，是感受语言魅力的过程，也是体悟语感的过程。这个过程不仅可以增强学生对词语的认知和理解，也可以增强对句子、段落的记忆和理解。朗读还能改变学生的性格。性格内向者往往发出的声音很小，但在大家琅琅读书声的带动下，一些性格内向的学生可能会受到影响并逐渐改变自己的性格。朗读也是一种参与度非常高的学习活动。自由朗读、齐声朗读、男生朗读、女生朗读、分组朗读等活动的开展，提高了学生参与学习的机会。学生在这个过程中将会获得学习的兴奋点和参与感，有利于改变自己的心理状态。

默读是指不出声的读书方式。因为默读具有不动唇、不指读的特点，所以默读者对文本信息的感受会很直接。默读省去了发音的过程，所以在一些场合不会影响他人，且默读者之间也不会互相影响，这样有利于保障环境的安静，也便于默读者更集中地思考、理解文本的内容。

《语文课程标准》中对九年义务教育各学段的默读均有明确的要求，如学习默读，初步学会默读，养成默读习惯，默读一般读物每分钟不少于300字，默读一般的现代文每分钟不少于500字等。这些体现在不同学段的默读要求很明确地表明了默读在语文学习过程中的重要意义。

## 二、书写

书写是语文教学中学生参与学习的重要方式之一，也是学生获取知识后转化为语文能力的一种表达方式。汉字的认知与记忆需要书写，词语的理解与运用需要书写，句子的贯通和流畅表达需要书写，组句成段的训练需要书写，作文的表达更需要书写。而且，中考是以书写的形式进行测评的。可以说，书写存在于语文学习的每一个教学环节中。没有书写，就没有真正意义上的语文学习，也没有语文的学习效果，更谈不上取得好的语文成绩了。

但是从目前的语文课堂上看，书写依然是教学中的一个“盲区”。当我们面对中考试卷上潦草的文字、断断续续的语言表达、错字连篇的作文时，我们是否真正意识到了“书写”教学功能的缺失呢？我们又应该如何修正我们的教学行为，填补这项教学空白呢？

### （一）语文课堂要有书写的过程要求

在语文课上，学生应备有“两笔一本”。“两笔”是指黑色笔和红色笔；“一本”是指课堂记录本。这些必备的学习用具，体现了老师对“书写”的重视。

### （二）书写要从汉字起步

初中阶段依然是知识积累的重要阶段，汉字的认知与积累、词语的理解与积累等基础知识，都是这个阶段的教学任务和学习内容。初中语文课文与小学语文课文相比有很大的变化，文字量的增加、词汇的增加、句子的多样化、课文内容的繁杂等，都给初入初中学习的学生带来了巨大的学习压力。那么，如何缓解这些压力呢？认识、认知、记忆、理解、积累是最好方式。而这个学习过程单纯依赖视觉的记忆是不够的，依赖多媒体的“闪记”也是徒劳的。俗话说：“好记性不如烂笔头。”拿起笔来，反复书写才是强化记忆的有效方式。

### （三）要习惯用笔记录课堂所学知识

课堂记笔记是学生学习过程中不可缺少的一个重要环节，也是课堂上一种有效的学习方法。做好课堂笔记要注意以下几个方面。

一要有本学科专用笔记本。学科专用笔记本可以为学生课后整理笔记时提供清晰的线索，从而便于学生整理课上的知识要点；学生也可以翻一翻上节课、上上节课的相关笔记，以便形成知识串联的回忆效果，有利于对知识形成关联性思考和贯通性记忆。

二要教给学生课堂记笔记的方法。课堂笔记不仅仅是静止的记录载体，也是动态的思维记录空间。在这里，很多瞬间的思维火花将以文字的形式定格在笔记本上，为学生后面整理笔记提供动态的思维导向。

三要及时整理课堂笔记。课后整理笔记的过程也是对课上所学内容的回顾过程。学生可以在笔记上勾勾画画，添加文字；也可以写下对某一个知识点的认识和质疑。

四要养成用文字回答问题的习惯。用文字回答问题可以培养学生的文字表达能力，这个过程也是组织语言的过程。写作能力不是一蹴而就的，而是依靠平时的片段书写日积月累的。没有片段书写的训练，作文的语言表达就很难流畅有序。而作文中的思想表达，则源于日常学习过程中的思考，以及对思考结果的文字呈现。因此，用文字回答问题，既是语言表达的积累，也是思想表达的训练过程。如果我们仅仅满足于学生口头表达的流畅，而忽略了书面表达中出现的问题，就会使学生落入学而不会、记而不牢、写而不通的怪圈。

五要有动笔的测评过程。用笔测评是指学生用书写的方式检测课堂所学知识的掌握程度。数学课上，老师讲了一个公式的推导过程，然后会让学生做一道应用这个公式的习题，以检测学生对这个公式推导过程的理解和掌握程度，而语文课则往往缺少这个过程。因此，很多语文课后，老师无法真正了解学生对知识的掌握情况，也无法知晓学生从课上获得的语文能力和语文素养。如果在每一节课的末尾都给学生设计一个自我检测的环节，让学生动笔回答几个问题，就可以清晰地掌握学生的学习情况并将其反馈到下一节课的备课过程中，便于老师以查漏补缺的方式进行反馈式教学，以提升学生的学习效率。

## 三、思考

思考，是语文课堂上学生学习行为的必备环节，也是语文有效课堂的显著标志。通过思考，学生的思维习惯会得到巩固、思维能力会得到提高。因此，问题的设计，问题提出后学生的的思维方式、思维过程及思维结果，都是语文老师备课时要关注的。问题切得准、问得巧、有链条效应，学生才能理解到位、感悟深透，才能用思考带动语文能力和语文素养的提高。

在阅读教学中，文章的知识点很多，问题的设计能否聚焦在核心知识点上并在恰当的时机提出？怎样发问能够直击关键并切入文本的最核心处？怎样发问能够难易适度并与学生的思维对接？本节课的几个问题如何形成一个问题链，让问题由浅入深、层层推进？这些都是老师备课中应该关注的地方。

那么，如何聚焦这些关注点并做好问题设计呢？

一是要从整体把握中提出问题。面对一篇文章，学生的阅读体验首先是在完整阅读文章之后获得的。学生初读课文之后，有很多零散的信息涌入大脑。整合这些信息，将其归拢成一个聚合点，用语言表达出来，这也是一种阅读能力，即阅读文本的概括能力。在这个过程中，老师要给学生思考时间，让他们整理这些阅读信息，并用文字表达出来。这既是语言概括的能力训练，也是整理文字的书写训练。

如执教《散步》一课时可以设计这样的问题：课文以“散步”为题向我们讲述了怎样的故事？你从文章中读出了哪些有价值的信息？你从这些

信息中发现了什么？

再如，执教《就英法联军远征中国致巴特勒上尉的信》一课时可以这样设计问题：这封信主要写了哪些内容？你能否用简洁的语言进行概括？

这样设计问题可以让学生在读文之初就对文章有一个整体把握，从而培养学生筛选信息、整理归纳、疏理文章脉络的能力，更为后面的深度阅读打下良好的基础。

二是要从内容的局部设计问题。研读课文，从某一个局部设计问题，可以引导学生对文本细节的思考。在这个过程中，可以独立设问，也可以连续追问。只要问题的走向是朝着文本的核心价值而不是向四处蔓延即可。

如执教《散步》时，当学生在研读了“自然”与“人文”两幅画卷后，老师提出了这样的问题：

1. 请大家默读6—7两个自然段，边读边思考：发生分歧后每个人的表现是怎么样的？

2. 请大家再读6—7两个自然段，圈点勾画，找出文中体现自然画卷优美的地方。

回答第一个问题既是一个解析文本的过程，也是一个解读亲情的过程。在解读中，大家很自然地感受到生活细节中的家庭和谐之美。第二个问题是为了引导学生在圈点勾画的读书过程中，感受本文的自然环境之美。这两个问题，简洁而具有较强的针对性，直指文本核心内容的两个分支，是一次非常有意义的思维训练。

再如，执教《就英法联军远征中国致巴特勒上尉的信》一课时，老师设计了这样的问题：

找3个同学朗读集中赞美圆明园的第3自然段。其他同学边听边思考：作者赋予圆明园一个怎样的总体评价？作者是从哪些方面来表现圆明园这一“世界奇迹”的地位和价值的？对于这个世界奇迹，作者还给予了它哪些高度评价？请同学们在小组内合作学习，结合具体语句讨论分析。

这种链条式的问题设计，把学生的思维引向更为深广的领域。由于有“结合具体语句讨论分析”这样的要求，学生的思维可以紧贴文本，有放有收。

三是从文本语言上设计问题。学生语言水平的提高，与他们在阅读中受到的语言感染并有意识地模仿有关。不同作家的语言表达风格不同，多家博取，多方借鉴，才能让学生的表达多样、得当、有情、有味、有表现力。在教学中，老师要通过设置相关问题，引发学生对语言的关注和思考。学生通过对这类问题的思考，可以提升自己对语言的关注和兴趣。

四是从主题情感上设计问题。这类问题主要是围绕作者的写作意图和创作祈愿设计的。这既是情感倾向方面的问题，又是文本的核心价值所在。我们常常问学生：大家读懂文章了吗？这个“懂”字，即有对文章内容的理解，也有对作者写作意图的体悟。学生在阅读过程中，通过对字、词、句、段的触摸，看到了文本的全貌。如果抓住最能体现作者创作意图的关键句，揣摩体会、探究本质，往往能产生牵一发而动全身的效果。文以载道，文以传情，文以说理，这些表述都是指向文字背后作者心灵的悸动。如在执教《就英法联军远征中国致巴特勒上尉的信》一课时，老师设计了这样的问题：

遭受迫害的雨果 19 年流亡国外，在国家危亡的紧要关头，雨果毅然回国，由此可见雨果对祖国的感情是多么的炽烈。但是，当中国的圆明园被毁，身为法国人的雨果却言辞犀利地谴责同胞的侵略行为。你怎么看待雨果先生的爱国精神？你怎样理解雨果先生的高尚情怀？

这是升华文章主题的一组思考，也是触摸作者内心情感的一组发问。学生在这组链条式的思考中，获得的不仅仅是思维水平的提升，更是与作者思想的融合，这也正是语文素养的浸润效果。

## 四、分享

分享是语文课堂上重要的一种学习方式。从某种意义上说，分享也是一种交流。分享有几种形式：小组讨论、同桌交流、答疑式分享、补充式分享、纠错式分享、质疑式分享等。

当我们面对一篇文章的时候，阅读收获是多角度、多层面的。如果缺少了分享的环节，我们的阅读就是孤独的、单一的，即你的就是你的，我的就是我的。当我们有了“分享”的学习活动，有了师生间的相互交流，有了生生间的讨论，大家在交流与讨论中分享阅读体会，获取分享的愉悦感，也就有了在分享中获取知识、升华思想的过程，这种分享式的学习方式可以极大地提升学生的认知能力。

## 五、表达

这里的表达是指学生在课堂上所展示的学习过程和学习结果，可以是语言表达，也可以是文字表达。

学生在课堂上会接受很多信息，这些信息是否转化为学生的语文能力和语文素养，需要通过学生的表达进行判断。目前在课堂上通用的判断方式是提问式，即一问一答。老师通常用这种方式判断学生的学习效果。其实，这种方式是单一的和片面的。老师无法从学生口述式的表达中全面判断学生对知识的掌握程度，也无法从中看到学生的语文综合素养。因此，用适当的时间让学生通过文字表达自己的认识和理解，可以看到学生的巩固性学习效果。

小组讨论的过程也是学生自我表达的过程。在大班额的情况下，学生的表达机会相对减少。于是，小组讨论交流成了提高学生个体表达的有效方式。学生在小组里可以畅谈自己的想法，表达自己的见解。尤其是性格内向的学生，小组讨论也给他们提供了更为自由的表达空间。

## 六、评价

课堂教学评价是指对在课堂教学实施过程中出现的受教对象所进行的评价活动。这里所说的评价有两个角度：一是从老师对学生的角度，就是老师如何对学生进行积极的、客观的、鼓励性的语言评价；二是从学生学习知识的角度，就是学生如何对自己进行有效的、全面的、客观的学习效果的评价。前者是散落在课堂教学过程中的；而后者则可以设计成一种教学活动，从中看到评价结果，并对后面的教学内容进行查漏补缺的教学调整。

如针对一节课的教学内容，设计一组评价题目，让学生在一定的时间内完成笔答。这样的课堂测评，既可以对评价过程进行有效监督，也有利于学生对课堂所学知识进行巩固性评价。

语文教学的秩序建设是对“无序”课堂的规范与修正，是对语文阅读教学规则的基本遵守。有了“秩序”，语文课堂才能够真正走到“有效”的路径上来。同时，语文教学的秩序建设也是对师资现状的一种完善。只有建立“有序”的课堂教学流程，才能确保语文课堂的教学效率，才能真正提高初中语文的教学质量。

# 让文学作品中的情感资源转化为学生成长的力量

## ——浅析文学作品中的几个价值取向

**引言：**经典的文学作品无论是作为课程教学资源还是作为课外阅读资源，其情感内涵都是丰厚的，学生在阅读过程中受文学作品中的情感影响也是最直接和最显著的。每一次阅读的喜怒哀乐都直接影响着学生品格的形成，影响着他们情感、态度、价值观的形成，影响着他们对社会、对生活的看法和态度，也影响着他们情商的形成。

义务教育阶段《语文课程标准》（7—9年级）对文学作品的阅读有明确的要求："欣赏文学作品，有自己的情感体验，初步领悟作品的内涵，从中获得对自然、社会、人生的有益启示。对作品中感人的情境和形象，能说出自己的体验；品味作品中富于表现力的语言。"初中语文，从某种意义上说属于文学教学的范畴。从课程的设置上看，不同时期的语文课程改革，都没有打破文本组元的一贯格局；从文本的选入原则看，文学作品依然是课程的首选资源。这其中的所有标准，都基于一个宗旨：经典。

有位家长面对孩子的语文成绩，直白地说："我孩子语文成绩不好，那是因为他的情商低。"这句话看似是为孩子找的一个借口，其实也让我们从反向的角度找到一个语文学习的卡口，就是"语文学习影响着孩子情商的形成"。由此，我们可以提出一个新的语文学习命题：文学作品的阅读对学生生命成长的影响是长久而深远的。

那么，初中语文教材中的文学作品有哪些情感资源能够转化为学生们成长的力量呢？教学中，如何把文学作品的情感资源转化为教学资源并和学生们的情商产生有效的融合呢？下面我们从文学作品的情感资源和教学中的情感融合两个角度进行分析。

## 一、文学作品中影响学生成长的情感类型分析

纵观初中三年语文教材，文学作品所占比例最大，每一篇文学作品都承载着作者独特和丰厚的思想情感。这些思想情感进入初中教材，成为语文教学中丰富的资源，浸润着学生的成长过程，引导着他们的人生观、价值观的形成，帮助他们构筑生活和未来的蓝图。

从“部编本”的教材看，有哪些文学情感藏匿于文学作品中呢？现梳理一下和大家分享。

### （一）敬畏生命、热爱生活的人生态度

敬畏生命、热爱生活是文学作品的永恒主题。在众多的文学作品中，对生命的阐释、对生活的解读，一直以来都是作家最钟爱的题材之一。而在初中教材中，入选的课文也从这个角度选取了一些作品，引导并扩展学生们对生命、对生活的认识和理解。

如宗璞的《紫藤萝瀑布》，作者细致地描写了紫藤萝盛开时的景象，以此表达对蓬勃、旺盛的生命的赞美：

> 从未见过开得这样盛的藤萝，只见一片辉煌的淡紫色，像一条瀑布，从空中垂下，不见其发端，也不见其终极。只是深深浅浅的紫，仿佛在流动，在欢笑，在不停地生长。紫色的大条幅上，泛着点点银光，就像迸溅的水花。

作者在这里把盛开的紫藤萝比作“瀑布”，用“流动”“欢笑”“生长”“迸溅”等词语把自然界里的植物写得生机勃勃、灿烂辉煌。这哪里是对花的描述？这是对生命的赞美，是借助有着生命色彩的紫藤萝，寄寓自己对生命的认识和礼赞。

### （二）人世间最深层、最持久的情感——家国情怀

习近平总书记曾在北京大学师生座谈会上指出：“爱国，是人世间最

深层、最持久的情感，是一个人立德之源、立功之本。”家国情怀，既有民族大义的责任，也有人生常态的担当。初中教材入选的一些作品中，体现这种思想的不胜枚举：从范仲淹的“先天下之忧而忧，后天下之乐而乐”，到杜甫的“安得广厦千万间，大庇天下寒士俱欢颜”；从光未然的“像你一样的伟大坚强”，到艾青的“因为我对这土地爱得深沉”……这类作品旨在学生心中厚植爱国主义情怀。

光未然在他的《黄河颂》中，以黄河的磅礴气势和英雄气魄，激励着中华民族的精神和意志，抒发了宽广、豪迈的家国情怀，谱写了一曲中华民族的历史颂歌：

> 啊！黄河！
> 你是中华民族的摇篮！
> 五千年的古国文化，
> 从你这儿发源；
> 多少英雄的故事，
> 在你的身边扮演！

这首气势磅礴的颂歌，曾经激励无数仁人志士前赴后继、保家卫国。这是对中华民族英雄气概的歌颂，也是激励一代又一代中国人保家卫国的伟大诗篇。

在端木蕻良的《土地的誓言》里，当东北的大片国土被日本侵略者践踏时，作者直接倾诉了自己对土地的热爱、怀想和眷念：

> 我无时无刻不听见她呼唤我的名字，无时无刻不听见她召唤我回去。……我想起那参天碧绿的白桦林，标直漂亮的白桦树在原野上呻吟；我看见奔流似的马群，听见蒙古狗深夜的嗥鸣和皮鞭滚落在山涧里的脆响；我想起红布似的高粱，金黄的豆粒，黑色的土地，红玉的脸庞，黑玉的眼睛，斑斓的山雕，奔驰的鹿群，带着松香气味的煤

块，带着赤色的足金；我想起幽远的车铃，晴天里马儿戴着串铃在溜直的大道上跑着，狐仙姑深夜的谰语，原野上怪诞的狂风……这时我听到故乡在召唤我，故乡有一种声音在召唤着我。她低低地呼唤着我的名字，声音是那样的急切，使我不得不回去。……我必须回去，我从来没想过离开她。

广大的爱国人民面对土地，发出铮铮誓言：

我必定为她而战斗到底。土地，原野，我的家乡，你必须被解放！你必须站立！……我永不能忘记，因为我答应过她，我要回到她的身边，我答应过我一定会回去。为了她，我愿付出一切。我必须看见一个更美丽的故乡出现在我的面前——或者我的坟前，而我将用我的泪水，洗去她一切的污秽和耻辱。

誓言，是真诚铿锵的表达，更是始终不渝的行动。

### （三）向“善”的审美价值追求

真善美是人们生活中所崇尚的道德品质，抑“恶”扬“善”将给学生带来积极向上的影响。

读杨绛的《老王》，我们被悲苦不幸却善良真诚的老王深深打动的同时，也会为杨绛一家对老王的同情、关爱、照顾与尊重所感动。这种用善良体察善良的高贵品质，无疑为我们提供了厚重的情感资源，让我们在阅读作品的同时，对“善良”有了更为深刻的诠释。这种诠释会影响学生对生活、对人生的诸多思索。

在《阿长与〈山海经〉》中，真实、生动、鲜活的长妈妈形象，给我们留下了深刻的印象。她虽有很多让“我”不屑的繁文缛节，但她的纯朴、宽厚、善良、仁慈的美德，就是她最大的“善”：

她穿着新的蓝布衫回来了，一见面，就将一包书递给我，高兴地说道：

“哥儿，有画儿的‘三哼经’，我给你买来了！”

我似乎遇着了一个霹雳，全体都震悚起来；赶紧去接过来，打开纸包，是四本小小的书，略略一翻，人面的兽，九头的蛇，……果然都在内。

这又使我发生新的敬意了，别人不肯做，或不能做的事，她却能够做成功。她确有伟大的神力。

文章以“仁厚黑暗的地母呵，愿在你怀里永安她的魂灵”结束，凝聚着鲁迅对长妈妈的全部情思，寄托着鲁迅对善良人的衷心祝愿。这就是“善”带给鲁迅的影响，这种影响也作为教材的情感资源深深地根植在学生的心中。

（四）品格建构的影响

教材中的一部分选文，立足学生的成长需求和文化需求，对学生形成一种潜移默化的浸润，包括品格的成长、性格的锻造、意志力的培养、责任的承担等。

如七年级教材中的理想、奉献、坚强、尊老爱幼、善良等文化元素以及与之相对应的《理想》《行道树》《走一步，再走一步》《散步》等课文；八年级教材中的爱国、感恩、自立、努力进取等文化元素以及与之相对应的《芦花荡》《背影》《再塑生命的人》《送东阳马生序》等课文；九年级教材中的正直、热爱生命、责任、意志等文化元素以及与之相对应的《威尼斯商人》《谈生命》《愚公移山》等课文。

茅盾在他的《白杨礼赞》中，通过对不平凡的白杨树的赞美，歌颂了中国共产党领导下的抗日军民和整个中华民族紧密团结、力求上进、坚强不屈的革命精神和斗争意志：

那是力争上游的一种树，笔直的干，笔直的枝。它的干通常是丈把高，像加过人工似的，一丈以内绝无旁枝。它所有的丫枝一律向上，而且紧紧靠拢，也像加过人工似的，成为一束，绝不旁逸斜出；它的宽大的叶子也是片片向上，几乎没有斜生的，更不用说倒垂了；它的皮光滑而有银色的晕圈，微微泛出淡青色。这是虽在北方风雪的压迫下却保持着倔强挺立的一种树！哪怕只有碗那样粗细，它却努力向上发展，高到丈许，两丈，参天耸立，不折不挠，对抗着西北风。

这段文字让我们看到了白杨树的气质和性格，感受到了它的正直、坚强、倔强和不折不挠。而后，文章由赞美树到赞美人，过渡非常自然：

难道你就觉得它只是树？难道你就不想到它的朴质，严肃，坚强不屈，至少也象征了北方的农民？难道你竟一点也不联想到，在敌后的广大土地上，到处有坚强不屈，就像这白杨树一样傲然挺立的守卫他们家乡的哨兵？难道你又不更远一点想到，这样枝枝叶叶靠紧团结，力求上进的白杨树，宛然象征了今天在华北平原纵横决荡，用血写出新中国历史的那种精神和意志？

四个反问排比句，气势连贯、情感递增，在由物及人的赞美中，象征作用发挥到了极致。至此，作品中的情感资源已经聚集，并成为引导学生成长的火炬，照耀着他们前进的道路。

（五）美与丑、是与非判断力的形成

语文教学中的三维目标之一就是情感、态度与价值观，这是教学目标，也是情感目标。在教学中，引导学生认识什么是美、什么是丑、什么是对、什么是错，是培养学生形成正确的价值观之基础。教材所选的课文，对学生价值观的形成都有着积极的导向作用。可以说，每一篇课文都有着明确的价值观判断指向。

如安徒生的童话《皇帝的新装》，作者在这篇童话里所塑造的每一个人物形象，都能对学生的是非判断力产生深远的影响。昏庸无能而又穷奢极欲的皇帝，虚伪、愚蠢和自欺欺人的大臣，这些人物的“丑行”像一面面镜子，时刻提醒着我们“不做丑陋的人”，要做诚实的“孩子”：

> “我的老天爷！”他想，“难道我是愚蠢的吗？我从来没有怀疑过这一点。这一点决不能让任何人知道。难道我是不称职的吗？——不成，我决不能让人知道我看不见布料。”
>
> …………
>
> “我并不愚蠢啊！”这位官员想，“这大概是因为我不配有现在这样好的官职吧？这也真够滑稽，但是我决不能让人看出来！”
>
> …………
>
> “这是怎么一回事呢？”皇帝心里想，“我什么也没有看见！这可骇人听闻了。难道我是一个愚蠢的人吗？难道我不够资格当一个皇帝吗？这可是我所遇见的一件最可怕的事情。”

这些揭示着“愚蠢”与“丑陋”的文字，成为文学作品中丰富的情感资源，在教学中发挥着独有的警示作用。

再如《就英法联军远征中国致巴特勒上尉的信》，雨果就英法联军远征中国一事，愤怒谴责英法联军毁灭世界奇迹圆明园的罪行，深切同情中国所遭受的空前劫难，表现出对东方艺术、对亚洲文明、对中华民族的充分尊重：

> 这是某种令人惊骇而不知名的杰作，在不可名状的晨曦中依稀可见，宛如在欧洲文明的地平线上瞥见的亚洲文明的剪影。
>
> 这个奇迹已经消失了。
>
> 有一天，两个来自欧洲的强盗闯进了圆明园。一个强盗洗劫财物，另一个强盗放火。……两个胜利者，一个塞满了腰包，这是看得见的，另一个装满了箱箧。他们手挽手，笑嘻嘻地回到欧洲。这就是两个强盗的故事。

雨果站在人类的立场、正义的立场，珍视人类文明成果，尊重人类文明的创造者。学习本文，同学们不仅感受到了雨果的博大胸怀，而且还提高了判断是非的能力，能够清醒地认识历史，增强历史责任感。

## 二、把文学作品中的情感资源转化为教学资源的策略分析

文学作品有着极其丰富的情感资源，这些资源渗透在学生成长的各个阶段，并成为他们成长的助力元素。但是在阅读教学的过程中，文学情感的教学往往局限于理解的层面，即理解作者的情感、理解文章中人物的情感等。老师的问题也是停留在对文本内容的理解上，如作者在这里表达了怎样的感情？你从中读到了作者怎样的一种感情？这段文字表达了作者怎样的感情？文章的结尾寄寓了作者怎样的情感倾向和生活向往？文章中的人物内心涌动着一种怎样的情感？这样的教学过程忽略了学生的阅读感受，屏蔽了学生和作者的情感关系，其结果是无法让作者的感情和学生的感情产生融合及共鸣，文学作品的情感资源也无法真正浸润到学生们的心里。

那么，如何让文学作品中的情感资源渗透在语文教学的过程中，并滋养学生们的生命成长呢？仅从以下几个方面进行分析。

### （一）在反复诵读中吸纳文学情感，让这种情感通过每一个汉字的韵律缓缓地流淌在学生们的心中

诵读，是语文阅读教学的重要手段，也是学生学习课文的主要方式。诵读，是感受语言的过程，也是体悟作者情感的过程。随着诵读的深入，文字的魅力被充分彰显出来，语言的感染力也愈发浓郁。此时，学生的情感和作者的情感及文本富含的情感有了一种交流和融合。在交流与融合中，文本中的情感资源缓缓地涌进了学生的思维情感里，在思维情感中酝酿、生成，再酝酿、再生成，逐渐内化为一种生活状态和生命意识。至此，文学作品中的情感资源才得到了最有价值的体现。

如《少年中国说》中有这样一段文字：

故今日之责任，不在他人，而全在我少年。少年智则国智，少年富则国富，少年强则国强，少年独立则国独立，少年自由则国自由，少年进步则国进步，少年胜于欧洲，则国胜于欧洲，少年雄于地球，则国雄于地球。红日初升，其道大光；河出伏流，一泻汪洋。潜龙腾渊，鳞爪飞扬；乳虎啸谷，百兽震惶；鹰隼试翼，风尘吸张。奇花初胎，矞矞皇皇；干将发硎，有作其芒。天戴其苍，地履其黄，纵有千古，横有八荒，前途似海，来日方长。美哉我少年中国，与天不老；壮哉我中国少年，与国无疆。

当师生共读这段文字的时候，声音洪亮，节奏鲜明，诵读的声音随着内容的感染力在逐渐提高且逐渐紧迫，激昂饱满的朗读声把梁启超渴望祖国繁荣昌盛的爱国思想和积极乐观的民族自信心释放给了所有的人，对学生们的理想信念的树立产生积极与深远的影响。

又如《纪念白求恩》中有这样两段文字：

白求恩同志毫不利己专门利人的精神，表现在他对工作的极端的负责任，对同志对人民的极端的热忱。每个共产党员都要学习他。不少的人对工作不负责任，拈轻怕重，把重担子推给人家，自己挑轻的。一事当前，先替自己打算，然后再替别人打算。出了一点力就觉得了不起，喜欢自吹，生怕人家不知道。对同志对人民不是满腔热忱，而是冷冷清清，漠不关心，麻木不仁。这种人其实不是共产党员，至少不能算一个纯粹的共产党员。

…………

我和白求恩同志只见过一面。后来他给我来过许多信。可是因为忙，仅回过他一封信，还不知他收到没有。对于他的死，我是很悲痛的。现在大家纪念他，可见他的精神感人之深。我们大家要学习他毫无自私自利之心的精神。从这点出发，就可以变为大有利于人民的人。一个人能力有大小，但只要有这点精神，就是一个高尚的人，一个纯粹的人，一个有道德的人，一个脱离了低级趣味的人，一个有益于人民的人。

在诵读这篇课文的时候，开始时节奏是很舒缓的，随着表达方式的变化，诵读的形式也在发生着改变。在记叙之后议论文字的诵读中，学生们的眼前好像出现了一个伟大的“白求恩”形象，面对这个伟大形象，学生的内心如涌动着激流，语气也变得急促，声音也逐渐高昂。一组排比句式把学生的情感和作者的情感融合到了一起，共同礼赞并悼念这位伟大的战士。而其中的“一个高尚的人，一个纯粹的人，一个有道德的人，一个脱离了低级趣味的人，一个有益于人民的人”的做人标准将永远扎根在学生们的心中，并成为学生们一生的道德追求。

（二）在品读与赏析文段中感受文学情感，让这种情感在理解与接纳中浸润在学生的感情里

品读与赏析，是文学作品教学的重要方式之一。学生在学习过程中通过各种方式加深对课文的理解，并在理解的基础上形成情感交融的学习效果。

如泰戈尔的散文诗《金色花》，通过“我”化作金色花三次和妈妈“藏猫猫”的叙述，巧妙地以儿童的口吻和心理，真实生动地表现了孩童对母亲的无限喜爱和童稚式的亲昵。在诗中，我们看到了一个懂事、聪明、对母亲充满了无限爱意的孩童形象。

随着时间的推移，黄昏时，“我”在第三次与母亲“藏猫猫”后，突然落到地上来。这时有一组美好温馨的对话：

“你到哪里去了，你这坏孩子？”

“我不告诉你，妈妈。”

在对话中，我们似乎听到了妈妈的嗔怪、埋怨，其实，这是妈妈的喜悦，是妈妈对孩子的喜爱和赞美。全诗表达了作者对人世间孩子依恋母

亲、喜爱母亲这一美好情感的深深赞美。

同样，我国著名女诗人冰心在她的散文诗《荷叶·母亲》中，运用象征的手法，用红莲象征孩子，用荷叶象征母爱，通过描写雨打红莲、荷叶护莲的生动场景，由衷地赞美了母亲对孩子的呵护与关爱，也抒发了孩子对母亲的感激与依恋。

“在无遮蔽的天空之下”，大雨“愈下愈大”，“那朵红莲，被那繁密的雨点，打得左右攲斜。在无遮蔽的天空之下，我不敢下阶去，也无法可想”。但是，我看见“红莲旁边的一个大荷叶，慢慢地倾侧了来，正覆盖在红莲上面……我不宁的心绪散尽了”。诗人的层层铺垫，让我们感受到了母爱对于孩童来说是多么重要。于是，诗人从心中发出了呐喊：

母亲啊！你是荷叶，我是红莲。心中的雨点来了，除了你，谁是我在无遮拦天空下的荫蔽？

至此，读者与诗人的情感，读者与诗作的情感，在品读与赏析的基础上形成了完美的统一。

又如《我的叔叔于勒》，作者在很多语段中赋予了浓厚的情感色彩，对人物表达着鲜明的爱憎态度。细细品读这些语段，从中获得的情感体验将影响学生们对“亲情”的判断：

母亲突然暴怒起来，说：“我就知道这个贼是不会有出息的，早晚会回来重新拖累我们的。现在把钱交给若瑟夫，叫他去把牡蛎钱付清。已经够倒霉的了，要是被那个讨饭的认出来，这船上可就热闹了。咱们到那头去，注意别叫那人挨近我们！”她说完就站起来，给了我一个五法郎的银币，就走开了。

我问那个卖牡蛎的人：“应该付您多少钱，先生？”

他回答道：“两法郎五十生丁。”

我把五法郎的银币给了他，他找了钱。

> 我看了看他的手，那是一只满是皱纹的水手的手。我又看了看他的脸，那是一张又老又穷苦的脸，满脸愁容，狼狈不堪。我心里默念道："这是我的叔叔，父亲的弟弟，我的亲叔叔。"
>
> 我给了他十个铜子的小费。他赶紧谢我："上帝保佑您，我的年轻的先生！"

在这几段文字中，我们似乎能读到"我"内心的丝丝不安和愁结，也能读到善良、纯真的"我"对未来的向往。品析着这些叙事语段，体察着人物的内心活动，看似是一个个细微的故事情节，实则环环扣扣都寄寓着作者的理想和希望。此时，学生们的情感也随着情节的发展充溢着淡淡的哀愁和焦虑，这其中的情感因素似滴滴泪珠镌刻在学生们的心中，培植着他们对是非曲直的评判能力。

（三）通过对作者创作动机与创作情感的深度触摸，揭示情感的内核，让学生们的阅读情感和作者的创作情感产生对接

一篇经典的文学作品注入了作者丰厚的情感因素，无论是从创作背景还是写作动机上看，都可以窥见作者的内心活动和情感色彩。教学时，对作者写作时社会背景和生活背景的分析，对作者内心最柔软的那片区域的触摸，可以揭示文本的情感内核。此时，学生们的阅读情感和作者的创作情感形成了紧密的衔接。

在教学中，老师往往习惯把创作背景和作者的生活背景在讲解课文之前就提供给学生。其实，当学生对文本还没有任何了解的时候，背景资料和作者资料只是一堆陌生的文字而已。而当他们对文本有了一些模糊的阅读认识，有了一定的阅读理解，有了一定程度的阅读感情，或者说，有了一些疑惑和不解的时候，作者的创作背景和生活背景就会让他们豁然开朗。因此，在具有深厚背景的文学作品教学过程中，我们可以把写作背景和作者生活背景的讲述移到学生对文本有了一定的阅读体验之后进行。

如宗璞的《紫藤萝瀑布》，这篇课文先是用了大量的篇幅写盛开的紫藤萝花，而后再写对生命的感悟。如果没有对作者写作背景和写作动机的

了解，学生就很容易沉浸在紫藤萝盛开时的欣喜中，停留在品花、论花、写花的过程中，而忽略了“盛开”后面的情感倾向，忽略了作者内心情感中那丝丝缕缕的悲伤。

只有了解了宗璞的生活背景，才能读懂她对紫藤萝的高度礼赞。只有理解了作者的写作动机，文本的情感内涵才能释放出来，文本的情感价值才能有所体现。而作者在文本中对生命意义执着的拷问也影响着学生们对生命的解读。

又如雨果的《就英法联军远征中国致巴特勒上尉的信》一文，了解这篇文章的写作背景对理解作者的情感有着至关重要的意义。文章中有的情感是学生较难理解的，如作为法国人的雨果，为什么会对自己的同胞进行抨击和讽刺呢？是他没有爱国之心吗？文本的感情基调仅仅是对圆明园灾难的同情和惋惜吗？这些问题的存疑对解读文本的内涵，对理解作者的情感都将形成障碍。此时，如果我们把作者生活的社会背景和作者对和平的态度介绍给学生们，就会让他们从狭隘的情感里走出来，走向更为宽阔的“世界和平”这个领域里。这种情感的贯通，也是对雨果的名言“世界上最宽阔的是海洋，比海洋更宽阔的是天空，比天空更宽阔的是人的胸怀”的最好诠释。

为了获得更好的情感融通的效果，有的老师在学生们理解课文之后补充了这样的相关资料：

> 雨果先生即使在流亡期间仍深情地说：“不是我在受迫害，而是自由在受迫害；不是我在流亡，而是法兰西在流亡。”由此可见雨果先生对祖国的爱之深，责之切。流亡禁锢了人身自由，却也正因为此，他的精神自由得到了极大的释放。他随时随地为人民、为正义宣讲。他当众朗诵政治讽刺诗，被赶出法国，又被赶出比利时，他不屑一顾；但“为他送行的人们高呼‘维克多·雨果万岁’，雨果禁不住热泪盈眶，他高喊着‘共和国万岁’来回答人们。这时候下起了滂沱大雨，但雨水并没有驱散送行的人们，所有的人仍然站在岸边，直至

邮船离去。人群中可以见到大仲马的白色坎肩。”19年的流亡，当他重回祖国，看见法兰西溃败的士兵，看见绿色的原野时，他流泪地喊着：“法兰西万岁！”他希望他的祖国是正义的，是人民的。这种热望就像一个父亲对孩子的期盼，也像一个孩子对父亲高大正直形象的誓死维护。

当学生们带着崇敬与激情沿着雨果的成长轨迹寻觅的时候，相信他们的胸中会油然升腾起一种发自心底的力量，一股奋起追求的冲动。这种潜移默化的力量，会激励他们向往崇高的人生境界。

（四）通过问题设计逐层透视作品中的文学情感，让这种情感在思维碰撞中融合在学生们的品格里

苏霍姆林斯基说过：“在人的心灵深处，都有一种根深蒂固的需要，就是希望自己是一个发现者、研究者、探索者。而在儿童的精神世界中，这种需要则特别强烈。但是如果不给它提供食物（与事实和现象进行生动的接触，体验到认识的欢乐），这种需要就会萎谢，而对知识的兴趣随之熄灭。”思维的发端就是这样的一种“食物”，我们要借助这个发端，打开学生们的思维世界，让他们在思维碰撞中获得新的思维判断。

文学作品中的情感在一定程度上有着自己的隐秘性。这种隐含在文学作品里的情感需要老师在教学中通过问题设计让学生们逐层穿透文学作品，捕捉到真实的文学情感并在思维碰撞中融合于他们的品格里，这将对学生的成长产生有意义的影响。

如何设计问题才能引导学生走进作品中的情感领域呢？有三个角度可以发问。

一是从作者的角度设计问题，理解情感。作者的创作情感也是文学作品的主题情感。课堂上老师一般用这样的方式引导学生思考：这篇文章表达了作者怎样的情感？作者在这篇文章中表达了怎样的情感？这样的问题设计仅仅是思维的初级阶段，学生在阅读文章后会有一个初步的认识，答案也是概括性的。

二是从作品的角度设计问题，理解情感。作者的情感常常隐含在文章的细节中，隐含在每一个句子和每一段文字中。从这些文字细节中找寻到的文学情感可以让学生产生更为细腻的情感体验，美与丑、善与恶都将在和文字的亲密接触中，在链条式的思维碰撞中，融合在学生的品格里。

雨果的《就英法联军远征中国致巴特勒上尉的信》一文，在对圆明园这个“万园之园”的赞美中，赋予了真挚的情感。学生在品读文章的同时，能从字里行间读到作者的这种情感。因此，老师在设计问题的时候可以这样问：

雨果先生赋予圆明园怎样的总体评价？雨果先生是从哪些方面来表现圆明园这一“世界奇迹”的地位和价值的？对于这个世界奇迹，作者还给予了它哪些高度评价？你从这些评价中读到了作者怎样的一种态度呢？

这种贴近文本、文字的链条式问题设计，这种追问式的思维引导，能够让学生对作者的情感有更为深刻的认识和感受。

三是从延伸思考的角度设计问题，理解情感。延伸思考是解读文学作品的一种常见方式，是为了拓宽文学作品的价值空间而衍生出的一种思维形式。这样的问题设计有助于深度揭示主题，有助于进一步拓宽作品的文学价值。

如在执教《散步》一课时，老师讲课的内容并没有停留在作者自己的责任与担当这个话题上，而是增设了下面这样一组问题，让学生的认知和情感得以升华：

面对责任与担当，老师想和大家探讨一个话题。你们的父母和文章中的父母年龄相仿，在家里也是上有老下有小，他们的责任与担当表现哪里呢？你的父母走出家庭后，还有一个角色，就是社会角色，他们要工作，要做好一个社会人，你知道他们在社会人这个角色里是如何践行着责任与担当吗？面对父辈的责任与担当，你是怎么想的呢？你的责任与担当又是什么呢？除了学习，你还能做什么呢？

这里的连续追问，引导学生从文本中走出来，走到了现实的生活认知层面，让学生的阅读情感与生活认知产生了思维碰撞，进而形成了自己的认识，提升了“担当”这个话题的价值含量，让学生和作品真正形成情感的融合，并把这种情感转化成一种成长的力量。

### （五）引导学生穿越时空隧道，打通文学作品与现实生活的畛域，升华学生的文学情感

初中语文教材的阅读选文可谓覆盖古今中外，囊括名家名篇。从时间上看，有古老久远的《诗经》《礼记》《女娲造人》等经典的文学作品，也有近现代优秀的文学作品；有中国的优秀文化，也有外国的经典名著。或由于文本的创作时间久远，或由于与作者的地域差别，学生在阅读这些作品时，对其中的情感资源在认识上会有一种距离感，这种距离感会影响学生对文学情感的体悟和接纳，情感的融合更是奢望。因此，在教学中，老师要引导学生穿越时空隧道，打通文学作品与现实生活的畛域，让学生的阅读情感和作品中的情感产生碰撞，在碰撞中增强学生对作品中的情感的认识与理解，并联系现实生活升华这种文学情感。

要让学生认识作者生活的时代特征，认识作者在当时背景下的创作冲动，理解作者内心涌动的那种情感，把自己想象成作者所生活的那个时代的人，进而理解作品中的复杂情感。

如杜甫的《茅屋为秋风所破歌》，在学习这首古诗的时候，学生受时空距离限制，从文字上无法深入理解诗人内心的冲动与情感。因此，老师要适当给学生补充一些背景资料，让他们认识诗人生活的时代，从而得出这样的结论：杜甫生活坎坷，颠沛流离，身处乱世。其家国之思、身世之感，往往借助高超的诗歌艺术喷薄而出，形成沉郁顿挫的艺术风格。我们在教学中，就是要引导学生理解这种“沉郁顿挫”，让学生感受到杜甫的情怀及其将自己一人、一家的悲欢推及为天下受苦受难之人的安逸幸福的

“大情怀”。

再如白居易的《卖炭翁》。这首诗所叙述的故事虽然离我们遥远，但诗中所描写的人物形象和描述的故事情节足以让学生穿越时空对那个时代有所认识，有所了解。老师如果能够引导学生认真揣摩人物的内心活动并细细品鉴诗歌中的鲜活、生动的画面，学生就会对作者的内心情感有清晰的感触。而此时的诗歌情感和作者情感已经穿越了时空隧道深深地铭刻在了学生的心中，学生有了一个评判善与恶、美与丑的是非标准。这个是非标准将影响学生对社会、对生活、对事物的看法并一直引导着他们在正确的人生路上行走。

老师要让学生认识不同民族、不同国籍、不同地域的作家在自己的文学作品中表达出的文学情感，用打通时空隧道式的教学引导，把这些具有时代特征和时代意义的文学情感和学生的阅读情感产生对接，进而升华学生的文学情怀。

如《皇帝的新装》，这个故事看似是一个童话，和我们的现实生活很遥远，但安徒生用童话的构思，以对话体的形式，给所有的读者上了一课，让大家时时用文中的人物形象警示自己。这种文学情感的传播，打破了时空的畛域，成为人类共同礼赞的经典，同时也作为一面镜子时刻提醒我们自检和自勉。

文学作品作为初中语文教材中的课文，其情感资源是丰富的、多样的，阅读教学不能仅仅局限于对作品情感的认知上，局限于对作者情感的理解上，要让学生在此基础上把这种认知和理解与自己的情感融合在一起，进而转化为他们自己的阅读感受和情感储备，转化为对生活的态度、对人生观、价值观的评价标尺。在这个融合与转化过程中，学生的情感、态度与价值观也将更加清晰和成熟，而文学作品的情感资源也更加彰显了独有的价值和力量。

# 教无定法　评课有“道”

## ——说说“评课”那些事儿

**引言：**听课、评课是一种常态的教研活动，是教师自我成长的有效途径，也是一个多边对话形态里自我展示、自我完善、自我提高的平台。初中语文学科从哪些角度评课才能收到预期的效果呢？怎么“张嘴”才能让授课者心服、令观课者受益呢？下面我们就说说“评课”那些事儿……

听课、评课是一种常态的教研活动，是教师自我成长的有效途径，也是一个在多边对话形态里自我展示、自我完善、自我提高的平台。“千江有水千江月”，场合不同，听课的方式亦不尽相同。观摩课、研讨课、示范课、参赛课等多种形式的听课活动后，往往会延续一个评课环节。在这个环节里，大家交流与分享听课过程中的种种思虑与困惑，从而获得新的认知和思考。因此，听课、评课的过程不单单是对讲课人的评价，更是讲、听双方共同成长的过程。

那么，一节课听下来，从哪些角度评价才能收到预期的效果呢？怎么“张嘴”才能让授课者心服、观课者受益呢？基于初中语文的课程特点，仅从以下几个方面谈点粗浅的看法。

### 一、明确“好课”的评价标准

评课一般从三个角度进行：一是萃取本节课的优点，和所有听课人分享；二是指出本节课的不足或缺失，进行集体研讨；三是谈自己的想法和思路建构，供大家分析。三个评价须基于一个总前提，即一堂好课的标准是什么。

以《语文课程标准》为依据，一堂效率高、效果好的初中语文课应具备两个基本指标。

（一）在限定的时间内，完成了课程规定的教学任务

“限定的时间”是指根据课程内容和课程计划所应安排的教学课时。“规定的教学任务”是依据《语文课程标准》的要求及课程本身的特点所应完成的教学内容。

如《散步》和《从百草园到三味书屋》这两篇长度、内容都不相同的课文，其课时安排也理应是不同的。因此，3 课时的内容用 1 课时讲完或 1 课时的内容用 2 课时讲完，其评课标准是有区别的。

又如《诗五首》作为完整的课文，老师用 1 课时只讲了一首诗，课堂容量显然是不够的。无论老师把这节课设计得多么精彩，始终无法回避一个事实，那就是“顾此失彼”。初中的古诗文教学有固定的教学要求，从《语文课程标准》及课程安排看，从五首诗中拿出一篇“细嚼慢咽”，势必会影响课程进度，导致课程的部分内容缺失。因此，以“喜好”进行取舍而安排教学的方法是不可取的。

在语文课程的建设中，文本编选有严格的“准入”标准。学生的年龄认知、文本的自身价值、作者的文坛影响、教材的主题需求，甚至不同时期的作品、不同风格的作家、不同主题的文章、文学样式的种类、国内外文学作品的比例、女性作家的比重等，都是教材建设需要遵循的原则。因此，任何一篇入选教材的文章，其文本价值都是巨大的，对学生的语文涵养的提高都是不可缺少的。如果仅从教师个人喜好的角度进行取舍，势必造成学生初中学段的语文“营养不良”，甚至是文学素养的缺失。

以阅读课为例，初中语文阅读教学应完成三方面的教学任务。

一是语文知识的积累。从小学到初中，字音、字形、词语、句子等基础知识，始终是学生学习的重要内容。因此，根据课文知识的含量，完成语文知识的积累是教学任务的必需。

二是文学样式的积累。初中语文与小学语文虽然同属九年义务教育阶段，但其最大的不同是小学属于对语文知识的认识与积累阶段，初中则是

对文学的认识与积累阶段。从知识教学到文学教学，其教学内容发生了本质的改变，而文学样式也从初中阶段开始进入语文教学的领域。

三是文学情感的积累。《语文课程标准》中对情感、态度与价值观的具体教学要求是阅读教学应遵守的原则。文学情感的积累是语文教学的重要内容，因此，教学的过程设计要时刻关注文学情感的渗透与浸润。

以上阅读教学的三个主要任务均应在阅读课上完成，而阅读课的教学评价应主要参照这三项指标。

还有一些特殊课型，如公开课、示范课、参赛课等是“量身打造”的，是在特定环境下完成备课过程的。这样的课型不受课程进度的限制，评课时可视具体情况而定。如鲁迅的《从百草园到三味书屋》，这是一篇经典课文，文章篇幅长，知识容量大，老师一般会安排 2—3 课时的教学时间。但在讲课比赛活动中，这样的课文往往要求 1 课时完成，其意图有两个：一是检验老师驾驭文本和课堂的能力；二是看老师在不同时间内对文本核心知识提取与处理的能力。因此，不同的课型对课堂效果的要求是不一样的，教学评价要视具体情况而定。

**（二）在规定的教学时间内，课堂上所达成的教学效果**

学习效果好是评价一节好课的基本标准，因此，所有的教学过程最终都要回归到“学生的学习效果”这个教学目标上。

首先，看学生的学习状态。课堂上，学生的学习兴奋点很多，学习积极性很高，师生间的交流很顺畅，没有压抑，没有冷场，没有制约，学生不困顿，不厌倦，不抵触，这样的学习状态才能产生好的学习效果。反之，即使是老师讲得再精彩，也都将被学生屏蔽在思维之外，过眼不过心，过耳不过脑，课堂效率极低。

记得有一次在学校听课，很多老师在教室后面围坐，授课者此时特别希望学生能够配合他顺利完成教学任务。但是，因为授课者的教学设计有缺陷，半节课下来，有一半的学生趴在了桌子上，回答问题的声音也由开始的“慷慨激昂”渐变为“喃喃自语”。此时的课堂真的很让授课者尴尬，无奈之下，只能以讲代练，最终成了老师的“一言堂”。课后，授课老师反思这节课的得与失时无比沮丧地说："这不是我想要的课堂效果。"

其实，每一位老师都知道什么样的课堂气氛最有利于学生的学习，但有时还是会出现课堂效果不令人满意的时候，究其根本，问题出在了如何设计课堂教学流程，如何设计教学活动，如何引导学生的学习情绪等方面。

其次，看学生的学习过程及生成效应。课堂上的学习效应分为两个层级：一是显性的知识，如字、词、句、篇章结构及相关的语文知识；另一个是隐性的能力，如情感、态度、价值观，学生的学习策略及学习能力，学生的思维习惯、思维方式及思维能力等。

显性的知识可以从课堂上看到学习结果，如生僻字书写的成功率，词语的理解及运用效果，老师所讲的知识是否在课堂上得到了"已知"的印证，教材中的教学要求是否均已达成，问题思考的结果是否正确等。

隐性的"语文素养"则是通过知识的获取和转化，形成新的思维角度，即学生在已有的认知领域里，通过学习活动，拓宽了认知领域并获得了新的认知结论；学生在已有的问题思考下，通过质疑、交流、分享，分解了已有的问题症结并提出了新的问题思考。

无论是显性的知识还是隐性的能力，都是语文教学的重要考量指标。学生在学习过程中能否从这两个角度进行深层次学习，是评价教学效果的一个重要的标准。

最后，看每一位学生的进步和成长。我们的教学目标就是让每一位学生都有所收获，不同基础的学生都有所提高。因此，关注学生的差异点，关注优秀生的满足点，关注学困生的增长点，是一节好课的考量指标。一节好课，既要让优秀生的特质发挥到极致，不抑制他们的思维过程，不让他们在等待中丧失学习机会；也要让学困生在课堂上获得自信和尊严，让他们在课堂上"饱而不撑"且对未知领域产生新的期待。

很多公开课，执教者不敢让学困生表达自己的想法，甚至有的老师以班容量太大，没有听课的空间为由，把学困生"请"到操场去"活动"。这样做有两个弊端：一个是让学困生蒙羞并使他们的自尊心和自信心受到打击，使他们从此对老师产生一种隔膜乃至怨恨；二是没有了这一群体的课堂也就缺少了教学的层次感，课堂教学中也就没有了问题的出现与解决的过程。

记得在一次公开课上，有一位老师是借班上课。课前，这个班的学生为了在课堂上有良好的表现，做足了功课，预习的范围很广。课上老师提出的每一个问题，学生都能对答如流，没有凝滞与停顿，因此也就没有了学生思考的过程，没有了老师的临场发挥。最后这位老师环顾四周说："大家都会了？"大家信心满满地说："都会了。"老师两手一摊说："你们都回答得这么好，我不用讲了。"

这个教学故事一方面说明老师需要在课前准备好适合不同学生的思考问题，同时也说明了学生在课堂上出现的"卡壳"现象是正常的教学状态。这种"卡壳"状态，可以让老师发现学生的思维误区和思维盲区，进而用自己的教学智慧消除学生的困惑，给学生带来"拨开迷雾见曙光"的学习惊喜。

所以，在课堂上能够看到每一位学生的进步，看到老师的教学智慧，看到师生间的互动交流和思维碰撞，这才是一节好课应有的样子。

## 二、常规评课的两个视角

有了好课的基本评价标准，听课时就有了思考的角度，评课时也就知道往哪"下嘴"了。以初中语文阅读教学为例，从常规课堂看，有两个视角可以作为评价点。

### （一）从教学设计上看一节课的教学思路

教学设计是一份融入了执教者所有教学理念和教学思考的方案，也是评课的视角之一。教学设计的过程是老师对一节课所有环节的思考过程，也是对教材内容的理解和分析过程。以阅读课为例，没有老师的阅读思考，教学设计中就无法呈现出应有的教学内容；没有老师的教学设计，教学就无法顺畅进行。老师对一节课的所有准备，都应该体现在教学设计上。

很多教学设计是老师们在反复推敲、反复斟酌、反复研讨后形成的。很多公开课、参赛课也是一个团队对语文学科理解的集中体现。因此我们常说，一节公开课可以折射出一所学校的团队实力，同时也可以体现一所学校的精神所在。

自河北省正式启动两年一届的评优课赛事以来，每次参赛时的集体备课，都是老师们理解教材、分析教材、使用教材的成长过程。也正是这一份份融集体智慧与能力为一体的教学设计，让所有评委和与会老师产生了强烈的期待，期待着我们每一次的参赛课都能提供一份理念新、实用性强的教学案例。因此，在听课之前拿到的教学设计，也成了评委和老师们评课时的一份重要依据。

那么，从教学设计中，我们应该重点看哪些内容呢？

**1. 看教学目标的制定**

教学目标是教学设计中的首要内容，也是最重要的一项内容。教学目标制定得准确，教学过程就少走弯路，教学任务就能顺利完成。因此，教学目标是评课的重要指标。那么，教学目标的制定要遵循哪些标准呢？

《语文课程标准》中的三维目标很明确地定位了语文教学的方向，即知识与技能，过程与方法，情感、态度与价值观。如何让三维目标在课堂上清晰呈现，成为语文教学具体可行的实施目标呢？准确、清晰、具体，是语文教学目标制定所要遵循的标准。

准确，就是要按照《语文课程标准》的要求制定教学目标。以阅读教学为例，阅读教学的任务有三个：语文知识的积累、文学样式的积累、文学情感的积累。三个任务是语文教学设计的核心内容，也是课程的教学目标。

清晰，就是语言表述要清晰，教学任务要清晰。教学目标是老师自己讲课用的，是让自己讲课时有所遵守、有所聚焦。因此，老师自己心里要有一个清晰的目标，这个目标就是教学方向、教学主线。老师不能将目标与教学过程分离，把教学目标当成应付性的摆设，从而让教学目标失去应有的作用。

具体，是指教学目标的内容要具体，不能做成通用型的，不能用复制、粘贴的方式敷衍自己。如有的教学目标中出现了这样的表述："积累本课生字词""理解课文内容""理解作者的思想感情"等。这种通用型的教学目标是无法在教学中发挥作用的。目标的制定要和文本对应起来，要在"积累本课生字词"后面跟上具体的字和词语；在"理解课文内容"后面写上具体的内容；在"理解作者的思想感情"后面有具体所指。

**2. 看教学过程的层次**

教学过程的环节安排是教学设计的重要内容。一节课的层次安排和教学内容紧密相关，层次清晰了，教学内容的衔接性就好，教学内容也自然清晰有序。语文学科没有链条式的知识体系，也没有自然衔接的层次结构。面对零散的知识点，如果规划不好教学层次，遇到教学障碍的时候，就会影响教学进度。因此，在教学过程中，清晰的教学层次是评课的主要参照指标。

教学层次的安排需要兼顾到学生的认知习惯，从无知到已知的过程就是从易到难的过程，教学层次的安排要遵循这个认知规律。老师要给学生创造学习的兴趣点，让学生在已知的基础上，对未知产生兴趣和向往，这样的学习诱因才能激发学生的学习冲动。

教学层次的安排要考虑到文本的自身特点。仍以阅读教学为例，有的老师喜欢在上课前就把文本的创作背景及相关资料推送给学生，让学生带着这些信息走进课文；有的老师则根据课文内容和作者的写作背景选择时机向学生介绍。二者的方式不同，产生的效果也不同。评课的标准是从授课效果的角度去评价教学层次的安排是否合理。

教学层次的安排还要考虑到重点、难点的设置。教学过程中的时间安排要考虑到一节课重点、难点内容的布局，要有足够的时间对重点内容进行聚焦学习，对难点内容要选择合理的学习方式进行突破。如果难点内容在一节课的有效时间内无法完成突破，老师可以将其留为课下作业让学生继续思考，或另择时间与学生再行讨论。老师既不能顾此失彼，因噎废食，也不能随心所欲，游离于教学内容之外而无所控制。

### 3. 看教学中的问题设计

问题设计是老师对重点知识的提取过程。这个过程主要从三个方面考量：一是问题的设计是否围绕核心知识；二是问题的设计是否有思考价值；三是思考的方式是否合理。

课堂上没有问题呈现，学生就不需要开动脑筋，更谈不上思维的生成。因此，看教学设计，要重点关注问题设计，关注一篇长长的教案里，有几个问题呈现，这些问题是否具有思考的价值，这些问题是否具有连贯性，能不能形成问题链给学生一个连续的思维过程。这里以陈士珍老师的参赛课《卖炭翁》为例，分析其中的几组问题设计：

**第一组问题**

本诗是一首叙事诗，从“叙事”的角度看，情节，是叙事诗的必备要件。请大家再读课文，思考：本诗讲述了一个怎样的故事？请用简洁的语言概括。（温馨提示：请按照“什么人，做了什么事，结果怎样”概括。）

**第二组问题**

卖炭翁作为一个主体人物贯穿于文章的始终，而诗人也是以“卖炭翁”作为诗歌的题目，可见，卖炭翁的人物形象是作者浓墨刻画的。那么，诗人刻画了一个怎样的卖炭翁形象？（温馨提示：可以从外貌、心理、动作描写的角度，找出相关语句，进行分析。）

**第三组问题**

请大家再读课文，思考：诗歌中除了卖炭翁这个核心人物外，诗人还刻画了哪些人物呢？“宫使”在诗人笔下十分“生动”，哪些词语使宫使形象更立体化了？

**第四组问题**

了解了宫使的形象后，大家再思考：宫使的形象对卖炭翁的形象起到了哪些作用呢？这样的人物描写对揭示主题有什么作用呢？

**第五组问题**

诗人借助诗歌《卖炭翁》揭示了怎样的社会现实呢？面对社会现实，诗人是什么态度？诗歌表达了诗人怎样的期盼？

上面的五组问题，既有内容上的关联，又有独立思考的价值。在内容的考量上，每一组问题都是对文本内容进行的由浅入深的发问，这种阶梯式的问题设置，有利于学生开动脑筋，活跃思维。

**4. 看学习过程中的活动创设**

常规的学习活动有读、写、听、说、思五种。在这五种学习活动中，我们常见的是“听”，即老师讲，学生听；最不常见的是“写”，写的活动常常被老师放在课下进行。其实，放在课下的写的活动通常会缺少学生思考的过程，特别是在网络发达和资料遍地的今天，学生写作业时的思考过程正在慢慢减少，取而代之的是搜索与抄写。那么，除了“听”之外的四种学习活动是否得到了老师的充分重视呢？这是评课的一个关注点。

学生的学习活动安排不单从课堂上可以看到，从教学设计上同样也要能看到。老师在备课的时候就应考虑到如何为学生的学习活动创设形式和时间节点，如哪个环节安排读书，以什么样的形式进行；哪个环节安排书写，书写的内容是什么；哪个环节安排讨论、交流，其方式是什么。这些前期设置的学习活动都应在教学设计上体现出来。

**5. 看延伸拓展的构想**

一节课的延伸知识是什么，用什么方式呈现，这些内容要在教学设计上体现出来。例如，老师想在阅读课的最后安排一个读写结合的片段训练，就要把相关内容写进教学设计中去，并能从教学设计中体现出训练角度和训练主题及老师的引申指导和训练要求。再如一节综合性学习课，老师给学生的延伸阅读是什么，用什么内容引导学生阅读的兴趣，阅读要求是什么等，这些内容都应该在教学设计中体现出来，而不是在课堂上随口一说，也不是把很多要求都写在教科书上。

**6. 看课堂练习的选用**

课堂练习是指学生在课堂上进行的知识训练，是学生课堂学习内容的巩固性练习，也是老师对一节课中学生的学习效果最直接、最真实的检测方式。长期以来，语文老师习惯于从学生口头回答的问题中判断学生的学习效果，但是一遇考试就大跌眼镜，常常会遗憾地说："这些内容课堂上都学过啊，学生也都会了啊。""学过"不假，"学会"未必。没有动笔检测知识的过程，单凭学生口述相关内容就判断这些内容学生都"会"了，这是一厢情愿。学生所学知识，无论是显性的还是隐性的，都必须通过"书写"进行检验。因为书写不仅可以检测学生语言表述是否流畅和准确，还可以从字里行间看到学生回答问题时的思维过程。更为重要的一点是，这个过程没有"外援"的干扰，没有"标准答案"的辅助，学生的思维有了活动的平台，惰性也就失去了生存的空间。

课堂练习的选用要注意两点：一是所选内容是教学目标对应的知识，是课堂教学的内容；二是至少要有两个"分层作业"要求，以适应学习基础有差异的学生。

（二）从教学流程上看一节课的教学成效

教学过程是评课的主要参照，从老师走上讲台的那一刻起，到老师宣布"下课"止，期间老师和学生的所有活动都是评课的对象条件。从一节阅读课看，主要包括以下几个方面。

**1. 看教学设计是否在课堂上得以实施并完成教学任务**

有了完善的教学设计，课堂教学就要遵守。有的放矢地进行教学活动，才能收到预期的效果。只有让教学设计真正成为教学活动的蓝图，写教案才能成为良性的常态。因此，听课时既要注意看执教者对教学设计的使用情况，同时也要看到执教者依据学情对教学设计的适当调整。这种调整是在确保教学任务正常完成的前提下进行的，而不是无限拖延和删减教学内容。

**2. 看教材的核心知识提取和教学时间的合理分配**

语文学科的知识体系相对于其他学科要模糊很多，梳理核心知识，聚焦核心问题，并将其集中呈现在课堂上，是语文课堂教学的基本要求。围绕这个要点，听课人要关注执教者对教材核心知识的提取是否到位，教学流程的安排是否围绕核心知识进行，关注教学时间的分配是否与重点、难点知识相互照应。

**3. 看学生的学习状态和学习效果**

学生是课堂的主人，所有教学过程最终的聚焦点是看学生的学习效果，而学习效果的关键是看学生的学习兴趣和学习状态。有一位新入职的教研员每次去学校听课前都让我给他讲讲怎么评课。有一次，他又问我："葛老师，您再给我讲讲怎么评课吧。"我说："上次给你说了啊。"他说："用完了，我想找个新的评课点。"我就告诉他："听课时要注意观察学生状态。上课10分钟后，你数一数有几个学生趴着；20分钟后你再数一数有几个学生趴着；30分钟后……从学生的状态中分析一下老师授课的问题出在哪里，给老师提出反思的建议。"听课回来后，这位老师特别兴奋，说课堂上果然如此，而讲课老师也没想过要从学生的听课状态上反思自己的教学方式。这个角度的点评是提醒老师从关注自己的教学内容转向关注学生的听课状态，并调整自己的教学形式和内容。

试想，学生的听课状态不好，何来学习效果呢？这个评课的角度不仅值得评课人借鉴，讲课人也可据此反思并调整自己的授课方式，从而提高学生在课堂上的学习效率。

**4. 看老师的教学智慧和语言表达能力**

教学智慧是指教师面对复杂的教学情境时所表现的一种迅速、准确的判断能力。语文老师的教学智慧在课堂上的表现方式有很多种，最常见的有课堂应变能力、对生成性知识的捕捉、即时性点评、问题思考过程中的深度引导、知识的适当拓宽等。听课人要善于捕捉授课老师的教学智慧，并在评课时给予肯定和表扬。

语文老师的语言表达能力是教学的基本能力，其表现在多个方面，如诵读能力、情感饱满、语言流畅、生动形象、感染力强等。语文老师从某种意义上来说更应是一个演说家，能够用深厚的语言功底，传达文学作品中的语言特质，以此提升学生对文学作品及文学语言的兴趣。从这个角度看，课堂上老师的语言是一个非常关键的评课点。

**5. 看课件及辅助资料的使用效果**

让多媒体走进语文课堂，确实解决了信息呈现数量的难题。但随之而来的问题也颇让人纠结：语文学科的特征就是文字、文学、文化，课堂效果是从认知、积累、思考、浸润、生成中获得的，如果过度使用多媒体，将会影响语言感知的想象空间。因此，语文课堂教学中的多媒体使用如何掌握好“度”，是执教者和听评课的老师需要思考的。

听过这样一节课：有位老师讲授小学一年级语文课，课文是白居易的古诗《池上》。讲课老师用了很漂亮的四幅画，通过 PPT 的形式在大屏幕上呈现给学生，并引导学生大声朗读。课间，很多听课的老师纷纷起身，用手机、相机拍课件；课后，有些老师蜂拥上前索要课件。由此可以看到大家对这节课的认可，对漂亮课件的欣赏。此时，我不免心生恐慌：诗歌是通过联想与想象表达意境的，当课堂上所有学生把对这首诗的理解都定格在了老师自己解读的诗境和画面里的时候，这种“标准件”的生产方式是否会用图画取代了诗歌的语言魅力呢？是否会阻碍学生对诗歌意境的想象力呢？

目前，公开课上还有一种流行的课件使用方式：老师为了节约时间，把学生需要认知和熟记的字词通过多媒体展示，并让学生读几遍。这样的“闪记”方式真的奏效吗？诸如此类的多媒体使用方式，对语文教学的课堂效果会产生怎样的影响呢？这些现象都可以作为老师评课和研讨的关注点。

**6. 看几个规定动作的时间分配和效果**

基于语文学科的特点，初中语文课堂有几个规定动作可以作为评课的关注点。

其一，读书时间。学生在课堂上的读书时间是一个重要的评课点。朗朗的读书声可以让学生感受语言的韵律感和文字的节奏感，可以让学生陶醉其中并陶冶情操。在一节阅读课上，老师为学生安排了多少读书时间，读书的形式有哪些等，这些都是评课的关注点。

其二，书写时间。“好记性不如烂笔头”，这是我们常说的一句话，也是前人的经验之谈。课堂上，老师应时时提醒学生做好笔记，及时用书写的方式对生字词进行记忆；老师还应提醒学生把思考的问题和讨论后的结论用文字整理出来；同时，老师还要适时组织学生进行读写结合的片段练习等，这些教学活动都是提高学生学习效率的极好方式，也是评课的关注点。

其三，思维过程。在一节课上，问题的呈现方式和学生的思考时间，将直接影响到学生的思维过程和思维能力的形成。如果老师连续把问题抛出来，既没有在黑板上呈现，也没有在 PPT 上呈现，学生就无法记住这些问题，就无法进行系统思考，思维效果也就无法保证；如果老师为了赶时间，只是形式上问问，这样的提问也就失去了价值，更谈不上学生思维能力的提高。因此，课堂上老师对问题的呈现方式和学生能否对问题进行连续性思索，使思维一直处于活跃状态，也是评课的关注点。

其四，交流、分享。交流、分享是语文课堂的重要学习活动，生生之间、师生之间的交流、分享有利于知识的互补，有利于情感的交融，有利于思维的碰撞。特别是在大班额的情况下，学生表达自己的认识和观点的机会很少。而学生通过小组讨论、交流，就有了表达的空间，也有利于分享目的的达成。因此，这种学习活动也可以作为评课的一个关注点。

其五，表达、应用。表达是一种语文能力。语文课上的表达有两种形式：一种是口头表达，一种是文字表达。从这两种表达形式中，既可以看到学生的学习效果，还可以看到学生的应用能力。因此，表达、应用可以作为评价学生学习成效的一个重要关注点。

在全民解读“学科素养”的今天，在自上而下层层关注并研究教育教学实效性的今天，作为教育链条终端的课堂，如何发挥最大的功效，是我们所有职业教育人应该面对的一个思考点。对一节课的评价不仅是点评一位老师的教学行为，更是检验所有语文老师对语文课堂、对“学科素养”的理解。在听课、评课中修正教学行为，改善教学现状，是每一位语文老师的教育情怀，也是每一位语文老师最热烈的专业期待。

# 辑二 语文教学探索

衣带渐宽终不悔，为伊消得人憔悴。

# 探索“有效课堂”　构建“五步对话”

## ——“五步对话”阅读教学流程解读

**引言**：一个教学流程，大多是在低效课堂长期占据教学时间而又无法摆脱这一现状的痛苦中逐步形成的。“五步对话”教学流程正是在这样的现实“阵痛”中“分娩”的。在反复研讨和教学实践中，“五步对话”教学流程以简洁的备课形式和良好的教学效果得到了广大语文老师的认可并被广大语文老师引入自己的阅读教学中。

在全民解读“学科素养”的今天，在自上而下层层关注并研究教育教学实效的今天，作为教育链条终端的课堂，如何体现出教育过程所有环节的功效，成了大家关注的一个焦点，语文课堂教学效果更是由于其学科的特殊性而成了大家关注的一个领域。

但是，长期以来，语文课堂始终备受质疑。语文老师虽然付出了很多努力，但教学成绩却很难获得较大幅度的提升。除了语文学科自身的特殊性外，还有一些因素直接影响着语文课堂教学效率，如教材的不断更新给老师带来的理解上的困难，老师的专业成长缺乏专业引领和平台，各种教学改革的声音让老师无所适从等。

面对老师们的诸多困惑，面对多年基层听课所看到的种种现象，我萌生了构建初中语文基本教学流程的想法。于是，借助河北省教育科学研究“十五”规划课题立项之际，我和我的研究团队以“课堂教学”为突破口，以“提升课堂效率”为目标，以“基层老师的常规课堂”为研究方向，确立了以“五步对话”为基本流程的有效课堂的秩序建构体系，希望能聚合优秀的研究力量，探索出一套有秩序、有内涵、有效果的教学流程，为语文老师提供一个最基础的课堂教学抓手，以满足初中语文课堂教学的“温饱”需求。

“五步对话”教学流程起步于河北省教育科学研究“十五”规划课题，经历了“十一五”“十二五”两个时期的延伸研究，各个教学环节现已基本完善。相对于低效课堂，“五步对话”打破了传统教学“满堂灌”的教学方式、被动接受的学习方式，改变了单调乏味的课堂氛围，倡导启发式、讨论式、参与式教学，真正凸显学生的主体地位；在充分关注学生精神状态和生命状态的同时，强化学生品格、意志、修养、文化以及行为习惯的形成过程。

“五步对话”的基本立足点是教育教学质量的提高、学生的全面发展和老师的专业成长。为此，“五步对话”强调关注三个方面。

一是关注学生的倾听、思考、质疑、分享和知识的生成；二是关注老师在教学过程中预设问题的能力、有效的教学设计、个性化的专业发展和个人生命成长的历程；三是关注课堂的过程和效果，以过程验证结果，用过程促进结果的发生和发展，并以此带动学生的全面发展。

经过几年的实验研究与不断完善，“五步对话”教学流程日趋成熟。在河北省连续五届的初中语文优质课评比活动中，授课老师用“五步对话”构建的课堂流程受到了大家的一致认可并荣获一等奖。每届活动的参与选手所提交的教学设计都备受青睐。一些原本并不在实验范围内的热点学校，近几年也热衷于“五步对话”教学流程的实施，纷纷引入“五步对话”教学流程并在全校推广使用。

在使用“五步对话”的过程中，老师们普遍的感受是：流程清晰、操作简单、课堂轻松、效果明显，既有知识的“保底”功能，也有“素养”的浸润过程。对于成绩优秀的学生来讲，“五步对话”带给他们的有深度的语文思考和文学触摸。由此看，“五步对话”在大家的关注下，正日趋丰富、完善。

“五步对话”教学流程旨在给老师一个基本的遵循，遵循语文学科特点，遵循语文课程要求，遵循教材编写意图，用教学流程规范备课和教学行为，规范训练和评价范围，确保课程资源在课堂上有效落地。

下面就“五步对话”的建构要素和基本流程进行逐一解读。

## 一、学习准备——生本对话

### （一）要素解读

“学习准备”是指新授课的前期准备。既有对新知识的预习，也有对已学知识的回顾和唤醒；既有学生的行为活动，也有老师的行为要求。

学生在这个阶段需要完成三个方面的准备：一是回顾前期所学知识及与本课相关内容；二是完成与本课知识有关的资料搜索、分析、整理工作；三是仔细阅读本课内容，运用已有的学习方法尝试扫清学习障碍、认识新知识、解决部分问题并提出新的疑问。

这项活动可以在课前进行，也可以在课上进行，老师根据教材和课程的进度灵活掌握。这个环节主要凸显五个“学会”：学会预习、学会积累、学会搜集信息、学会知识迁移、学会发现问题。

老师在这个阶段应为学生提出必要的问题和要求，难度要适宜，空间要留足，使学生方向明确，乐于参与。同时，让学生在和教材的初步对接中产生兴趣，最大限度激发学生学习的内驱力，让学生以充分的准备、饱满的精力、极大的兴趣和较好的适应度面对新知识。

科学的教学流程设计是老师在这个环节应精心准备的。一个好的教学设计是一节课成功的基础。教学设计应该是科学的、立体的、全方位的，是老师教学思想和教学行为的综合体现。教学设计应该有动态的预设，有生成的预想，有结果的预测，有更多问题的生成。

一个好的教学设计还应该有对教材的准确把握和深度解读。要体现出编者的意图和作者的情感倾向，既有语文学科规律性和系统性的召唤，也有语文老师科学态度和品格修养的浸润。完成教学设计的过程也是老师自己成长的过程，老师要充分利用这个机会促进自己的职业成长。

### （二）流程解读

这个环节是学生自己触摸文本的过程。在这个过程中，学生要在老师提出的要求下，通过和文本对话，完成三个方面的学习准备。

一是字词积累，主要是对课文出现的生僻字、多音字和形近字以及词语的积累。

二是搜集相关资料，主要是让学生搜集整理作者的基本情况、趣闻轶事，了解作者的写作风格和课文的写作背景等。

三是走进课文，主要包括整体把握文章框架和记录阅读过程中产生的疑问。

以上“学习准备”的内容，学生要利用上课前一天自习课时间或课下自由时间进行准备。

## 二、交流分享——生生对话

### （一）要素解读

交流分享的环节设置是建立在学生“自主学习”理念上的一种学习行为和学习方式。“自主学习”是“五步对话”的一个核心理念，这个理念在后面的几个环节中也都有所体现。

“自主学习”是指在老师的启发、引导、点拨、帮助下，学生怀着一种积极的心态走进文本、了解文本、和文本建立对话关系，并用探究的方法发现问题、分析问题、解决问题、掌握相应的知识与能力。

### （二）流程解读

这个环节有三个步骤。

一是导入新课。新课导入语是一节课成败的关键，激情洋溢的新课导入语是老师课前必需的“准备”。老师在准备导入语时要注意两点：一是导入语的信息量要大，以满足课堂效率的需求；二是导入语要激情、饱满，能够让学生在精神上为之一振，因为这也是一个隐形的组织教学过程。有了激情的开始，学生的课堂兴奋点就会多一些延续，注意力就会显著增强。

二是展示“学习准备”的内容。老师可以让学生将学习准备的内容以小组的形式展示在黑板上。展示的过程，要打破让学生给汉字注音或根据拼音写汉字的惯例，直接让学生展示自己在准备过程中的全部内容。这种方式会让学生再经历一次实战检验，以提高其文字书写的准确率。

三是交流分享。大家对各学习小组展示的内容进行评比，看哪组准备得最为充分，没能得到满分的小组由本组成员上台修改之前写在黑板上的内容。这样的交流分享可以实现两个目标：通过打分评比，学生课前准备的积极性得以提高；通过详细展示课前准备的内容，学生对生僻字能够准确识记，对多音字能够回顾整理进而重复记忆，对形近字能够准确辨析。

这个环节是本次学习准备环节的延续，也是下一次学习准备环节的兴趣基础。在这个环节中，学生的学习由个体到群体，学习行为由自主到分享。这个环节要立足三点：一是扎实、有效；二是鼓励；三是面向全体。如《端午的鸭蛋》的交流分享：

师：昨天大家利用自习课上的10分钟和课下的自由时间，从词语积累、课文理解和作者介绍三个方面进行了充分的准备。下面请各组代表来展示你们的准备情况。

（学生代表上台展示）

师：其他同学从字词积累中挑选出至少两个易错的字词写在课堂练习本上。

生：（展示、纠错、评分、总结）

师：（打开屏幕，对应总结，清晰展示标准答案）

生：（齐读部分知识，达到重复记忆的目的）

## 三、聚焦文本——师生对话

### （一）要素解读

这个环节是建立在老师、学生、文本、作者四者对话基础上的一种学习行为。支撑这个环节的理论要素是“质疑思辨”与“合作分享”。

“质疑思辨”是“五步对话”中的一个重要元素。质疑思辨包含两个环节：质疑和思辨。质疑是思辨的起点、前提和基础。

读书贵疑。如果仅满足于教材表面上的一些知识，学习无疑是被动而肤浅的。学生要想进行深层次的学习和探讨，首先必须学会质疑。思辨是质疑必然的后续行为，通过积极、多角度的思考和辨析，可以消除质疑过程中的疑难和困惑，达到举一反三、由表及里的效果。

“合作分享”是“五步对话”教学最基本的呈现方式。学生要在合作学习中获取知识，在合作学习中体悟个人力量与群体力量的不同，从而获取更全面的知识与更深邃的思想。与此同时，个性的语言和个性的思维，都在合作碰撞中闪烁着知识的光芒和生命的光彩。

“小组建设”是合作学习的前提需要，在小组建设过程中有两个环节需要调控。

一是学生的学习习惯和行为习惯需要调控。学生是小组合作学习的主体，在合作学习的过程中，学生不仅要有良好的学习习惯，还要有良好的行为习惯。这里的“行为”包括坐、立、行等诸多的行为素养。对于学生不良的行为习惯，老师要及时纠正，正向引导，让“教育”这个人类成长的重要载体，履行本有的职能，产生应有的功效。

二是老师的作用需要调控。首先是知识的调控。要保障国家课程的有效落实，满足不同学生对知识的需求。其次是时间的调控。第一要做到课时调控，不能无限度地延长课时，要确保在一定的时间内完成教学任务；第二是课堂调控，老师在学生自学、讨论、展示、评价等环节中要做到心中有数，不能为了追求过程的完整而忽略时间概念。最后是课型的调控。语文学科有多种课型，知识框架不同、文本样式不同、老师风格不同，课型呈现方式也不同。老师要有调控课型的意识和能力，把自己的语文素养和职业技能充分发挥出来。

## （二）流程解读

这个环节是“五步对话”教学流程中最厚重的一个环节。老师要针对文本样式的多样化，安排不同的对话内容和对话形式，让学生真正感受到文字在语言表达上的作用。同时，这个过程也是师生分享学习成果的过程。

由于这个环节的内容厚重，形式多样，为了便于老师把控课堂节奏，保障语文课程的完整性实施，我们把这个环节分解成了三个教学层次。

第一个教学层次是整体感知课文内容。其学习方式有两种：一是速读课文，提取文本主要信息；二是引导学生概括全文的主要内容，提炼出核心线索。这两种学习方式因文而异，老师可针对不同的文学样式采用不同的方式呈现。如《端午的鸭蛋》：

> 课文围绕“端午的鸭蛋”写了哪些内容？

又如《信客》：

> 本文的题目“信客”具有两个属性：一个是职业，一个是人物。当“信客”作为一种职业的时候，它具有怎样的特征？请结合两代信客的经历加以概括。

以上两篇课文在这个教学层次里的呈现方式都是围绕“整体感知课文内容”进行的。

第二个教学层次是针对文本细节设计的教学内容。如《芦花荡》：

> 课文中的中心人物是谁？围绕这个人物发生了哪些故事？从这些故事中你看到了一个怎样的人物形象？

又如《就英法联军远征中国致巴特勒上尉的信》：

> 雨果先生赋予圆明园怎样的总体评价？雨果先生是从哪些方面来表现圆明园这一“世界奇迹”的地位和价值的？对于这个世界奇迹，作者还给予了它哪些高度评价？

文本的细节内容是不可忽视的教学内容，也是聚焦文本、对话文本的核心内容。这个教学层次很容易被忽略掉，原因是这个环节的切入点不好找，问题设计方式有难度。老师常常会在这个环节中以“串讲”的方式进行，即使是有问题呈现，也是随口问、随口答的方式，很难起到提高学生思维能力的目的。因此，要想达到好的教学效果，就需要破解两个难题：一是如何设计出有思维价值的问题；二是如何形成问题链，让学生的头脑中形成一个阶梯状思维空间。

第三个教学层次是针对文本语言设计教学内容。这主要是从文本的语言特点，词语的运用在细节描写中的作用等方面设计。如《就英法联军远征中国致巴特勒上尉的信》：

作者在高度赞美圆明园为“万园之园”的时候，用了哪些词语？这些词语表达了作者怎样的一种态度？

又如《春》：

朱自清在“春草图”中用了哪些词语描写春草的萌发和生长？表现了春草怎样的特征？

这些问题的设计都是从语言的角度进行的，其目的是让学生感受文章的语言特点，感受作者的语言风格，感受这种文学样式的综合特征。学生在学习过程中对语言的体悟，也将逐渐影响到学生使用语言的方式。因此，当学生对一种语言喜爱至极的时候，这种语言风格就会慢慢进入其语言体系里，并逐渐成为学生的写作风格，这也是一种借鉴和融合。

这个由三个教学层次构成的教学环节，是一节课的核心环节，也是用时最多的环节。这个环节的问题设置到位了，课文的核心价值就能够有保障地体现。同时，这个环节还要注意四点：一是文本的基本框架和深度；二是文本的语言价值；三是学生的活动过程；四是学生的读书时间。

## 四、探究提升——对话作者

### （一）要素解读

语文课不同于别的课程，它承载着传承人类历史文化的重任。因此，要引领学生站在历史背景的高度审视文本。作者的创作背景和创作动机是一篇文章的内核，也是文章的文眼。离开作者的创作动机谈文章主题，是不切实际的。作者在特定的时代背景下写出来的文章，从某种意义上说也是作者对那个时代的态度，这种态度就是文章的情感本源。

作者受生活背景的影响，就会产生创作的愿望，这种愿望就是通过文字告诉读者一些东西，让读者从中获得一些启示和感悟。因此，对于富有广阔社会背景和深厚文化内涵的课文，学生需要了解作者的生活背景，在充分认识这些背景的基础上理解作者的创作动机，理解作者的情感倾向，理解作者的生命态度。只有这样，才能真正咀嚼到课文的内涵，从中获得文化的启迪。

### （二）流程解读

在这个环节中，老师要提供不同的教学路径，让学生了解作者的创作意图，揭示文本最深层次的东西，探究作者内心深处最柔软的那片区域，阐释文本的核心价值，让文本的价值在这里得到最大的体现。如《就英法联军远征中国致巴特勒上尉的信》：

> 遭受迫害的雨果 19 年流亡国外，在国家危亡的紧要关头，毅然回国。由此可见，雨果对祖国的感情是多么的炽烈。但是，当中国的圆明园被毁，身为法国人的雨果却言辞犀利地谴责同胞的侵略行为，你怎么看待他的爱国精神？你怎样理解雨果先生的高尚情怀？

再如《罗布泊，消逝的仙湖》：

> 报告文学以客观真实和生动形象的语言，揭开了真相，报告了真

实，用文学呐喊着作者对自然、社会、人性最真诚的拷问。

思考：在这篇文章中，作者振聋发聩的拷问除了要呼唤人类的环保意识外，还想告诉我们什么呢？又引发了我们怎样的思索呢？

这两篇文章都有其深厚的写作背景，文章承载了作者强烈的创作祈愿，表达着浓烈的创作情感。如果离开了作者的创作背景，离开了作者内心的创作情感和创作祈愿，文本的主题和意图就无法显露出来。

## 五、总结评价——对话自己

### （一）要素解读

这个环节的核心要素就是“巩固提升”。巩固提升既是对知识的归纳梳理，也是对情感、态度与价值观归属的审视。因此，这也是“五步对话”的一个基本要素。

总结的环节是对一堂课知识的回顾和整理。缺乏总结的学习环节是残缺的，将零散的知识进行总结能让知识系统化、明朗化，能让学生巩固并深化对知识的记忆。同时，这也是老师对自己教学过程的一个评价，学生学会了多少，收获了什么，通过这个环节可以一目了然。因此，总结评价是语文学习过程中一个不可或缺的环节。学生在学习准备过程中产生的问题，经过整个学习过程还没有得到解决的，在这一环节中可以向老师求教。能解则解，不能解可存，给学生留下一些争论的话题，对于学生而言也是一种收获。通过这个总结形式，可以让学生将模糊的知识清晰化、清晰的知识深刻化、深刻的知识完整化。

### （二）流程解读

这个环节由三步组成：师生小结、评价修正、解惑存疑。如《陋室铭》：

师：作者借“铭”文称颂“德馨”，警诫自己，也是警诫世人。学习本文后，我们从生活情趣、生活态度上获得了怎样的认识和思考呢？

（学生自由谈收获）

结课：大家说得都非常好。一篇《陋室铭》，让我们认识了刘禹锡，也让我们懂得了在生活中怎样面对风雨和困境。心种莲花，步步生香。拥有高雅的情怀，一间小小陋室，也足以摇曳出万千情趣，让我们的心灵诗意地栖居。

“五步对话”不是模式，也不是模板，而是基本的教学流程，是相对于低效课堂的无奈之举，是语文阅读教学中对几个基本动作的框定，也是对语文秩序的遵守。这个流程的每一个教学环节，都把语文课堂的“规定动作”陈列其间，如读、写、听、说、思（悟）。这些原本是语文课堂上的基本动作，常常因各种原因被丢弃。“五步对话”重拾语文课堂的常规要求，再现语文课堂的基本动作，以本真、扎实、有效的课堂原貌，践行语文课程的基本原则，创设真正的有效课堂。

但是，任何一种教学流程都有其弊端和局限，都无法适用于每一种课型和每一位老师。因此，大家在使用“五步对话”教学流程时，要根据自己的教学风格，根据课文的教学内容和课型特点，在确保教材核心知识到位的前提下，将其适当调整。当我们对语文有了更为深刻的理解之后，我们的课堂就可以不受任何流程的约束，自由流畅，游刃有余。

**附：《陋室铭》教学设计（邯郸市第二十三中学　闫靖芳）**

**【教学目标】**

1. 积累“名”“灵”“惟”“馨”等实词；认识“之”的两种用法；了解倒装句式。

2. 理解文章内容，了解“铭”的文体特点，体会托物言志的写作手法。

3. 理解作者安贫乐道、高洁傲岸的情操，涵养学生积极乐观的生活态度和情趣高雅的人生情怀。

**【教学重点】**

1. 了解倒装句式，了解“铭”的文体特点，体会托物言志的写作手法。

2. 涵养学生积极乐观的生活态度和情趣高雅的人生情怀。

**【教学难点】**

涵养学生积极乐观的生活态度和情趣高雅的人生情怀。

**【教学流程】**

**一、学习准备——生本对话**

1. 查字典，给下列加着重号的字注音。

惟吾德馨（　　）（　　）　鸿儒（　　）　案牍（　　）　西蜀（　　）

2. 按拼音填写汉字。

wéi ____吾德馨　案 dú ____　tái ____痕　诸葛 lú ____

3. 结合注释，解释下列句子中加着重号的词语。

（1）有仙则名　　（2）有龙则灵　　（3）惟吾德馨

（4）谈笑有鸿儒　（5）可以调素琴　（6）案牍之劳形

4. 找出课文中含有“之”字的句子，联系学过的文言文，列出“之”的不同用法。

5. 搜集资料，了解刘禹锡以及本文的写作背景；了解“铭”的特点。

6. 熟读课文，读准字音和节奏。

**二、交流分享——生生对话**

导入：范仲淹的一篇《岳阳楼记》，使岳阳楼因古仁人“不以物喜，不以己悲”的豁达胸襟而著称于世；周敦颐的一篇《爱莲说》，使莲以“出淤泥而不染”的君子形象深植人心；来自唐代的一间陋室，因一人一文而名闻天下。时至今日，漫步其间，依然可以嗅到浓郁的翰墨馨香，可以让心灵得以净化。今天我们就一起走进刘禹锡的“陋室”，共同学习他的《陋室铭》。

**预习展示**

1. 认读重点字：反复读三遍。识记易错字：老师示范书写。理解重点词：学生展示。

2. 学生展示“之”的不同用法。

3. 朗读展示。

一读：读对字音。（一生读后，全班读）

二读：读准节奏。（去掉标点，一生读，找读准节奏的方法，补充骈文两两相对的特点）

三读：读出韵味。（找押韵的字，韵脚要响亮延长。一生读后，男女生合作读）

**三、聚焦文本——师生对话**

**教学环节一：疏通文义**

提示：翻译文章时要结合课下注释，做到字字落实、连词成句、文通字顺，适当“添”“调”。

关注重点句：“斯是陋室，惟吾德馨。”“南阳诸葛庐，西蜀子云亭。”“孔子云：‘何陋之有？’”

相关知识讲解：用典、倒装句及出处。

小结：现在，我们对文章有了基本了解，让我们再读课文，把你对文章的理解“有滋有味”地读出来。

（配乐全班齐读）

**教学环节二：内容解析**

引入：这篇文章题目中的“陋室”是什么意思？“铭”又是什么意思呢？

过渡：就“铭”的解释来看，这篇“铭”文是称述还是告诫？让我们走进陋室，一探究竟。

思考：请从文中找出写“陋室”的句子，看看分别写了哪些内容。

明确：苔痕上阶绿，草色入帘青。谈笑有鸿儒，往来无白丁。可以调素琴，阅金经。无丝竹之乱耳，无案牍之劳形。

文章写了三方面内容：室中景、室中人、室中事。

思考：你从这几个句子中，读出了陋室的什么特点？这些特点是通过哪些词语表现出来的？

范例1：“上”和“入”化静为动，让原本沉寂的景色充满生命；拟人的修辞，赋予“青苔”“绿草”以人的灵性，它们执拗地越过台阶，绕过窗棂，只为一睹主人圣洁的颜容。“青”“绿”的色彩冲击，让人铭记这荒远之地的绿意盎然和郁郁青青，更领略到刘禹锡不改本色的铮铮豪情。岂一个“雅”字了得！

范例 2：“鸿儒”乃饱学之士，乃儒雅之士。他们的修养令人折服，他们的学识令人仰止。在他们的高谈阔论中，一间陋室，足以撼动历史。

范例 3：一个“素”字，写尽生活的清苦，也尽显主人生活的随意与闲适。作者拒绝喧嚣，返璞归真；拒绝苟同，做回本真；来之安之，独善其身。一个高雅脱俗、怡然自得的刘禹锡微笑着出现在我们面前。

小结：房子荒芜，但他的心开阔；生活单调，但他的心很饱满。作者写“陋室”，实则是在称颂自己的“雅室”。

**教学环节三：语句研读**

思考：除了描写陋室，文章还写了哪些内容？文章首尾的两段文字，有什么用意？

1. 山水句：引入。

“山”“水”喻“室”，“名”“灵”喻“德”。这是一种铺垫，更是蓄势，为“主人有德，陋室不陋”而蓄势。

2. 德馨句：明志。

“陋室”扣题，“德馨”统领全篇。这表明作者不为外物所影响，一心追求高尚的品质。

3. 南阳句：用典。

诸葛亮和杨子云都是历史上名声显赫的人物，一个在政治上建立奇功，一个在文学上很有造诣。刘禹锡也是一条“卧龙”，也饱含一颗“兼济天下”之心。

4. 何陋句：点题。

用圣人首肯的操守来规范和要求自己，用反问句，呐喊出心中的最强音。

小结：作者用“山水”句引入，用“德馨”明志，用典故自比，用圣人的话点题，凸显了“陋室不陋”。其目的都是在彰显主人的品德高尚，用文中的话说便是“惟吾德馨”。

**四、探究提升——对话作者**

引入：作者的种种情绪和情怀，借助陋室得以宣泄，得以倾诉，这种写作手法叫“托物言志”。

课前，我们布置了预习，要求大家查找资料并了解作者及文章的写作背景，请大家出示你查到的资料。

（学生出示资料，老师补充资料，将其呈现在大屏幕上，学生齐读作者及写作背景）

思考：结合写作背景想一想，作者借陋室这一“物”，言了什么“志”？你从中读到了一个怎样的刘禹锡？

小结：作者借陋室言的是“安贫乐道、高洁傲岸、遗世独立”之志。从文中我们读到了一个豪迈乐观的刘禹锡，一个践行“穷则独善其身，达则兼济天下”的贤士，一个用一生诠释“出淤泥而不染”的君子。

**五、总结评价——对话自己**

引入：作者借“铭”文称颂“德馨”，警诫自己，也是警诫世人。学习本文后，我们在生活情趣、生活态度上，获得了怎样的认识和思考呢？

（学生自由谈收获）

结课：一篇《陋室铭》，让我们认识了刘禹锡，也让我们懂得了生活中怎样面对风雨和困境。心种莲花，步步生香。拥有高雅的情怀，一间小小陋室，也足以摇曳出万千情趣，让我们的心灵诗意地栖居。

其实，每一篇文言文都是一扇通向历史长河的小窗。推开这扇小窗，你就能穿越古今，感受历史人物的博大胸怀，感悟中国传统文化的无穷魅力。

（此课例由闫靖芳老师执教，在河北省2016年教学评比中获一等奖）

# 语文教研活动的“实效性”流程探索

## ——“一课一研”活动解读

**引言：**在众多的学习成长活动中，“学科教研”无疑是一项系统而持久的活动。大家在这个平台上通过聚焦问题、讨论研究、分享成果等诸多方式，以拓宽学科视野，丰富专业知识，认识多种教法，从而达到专业成长的目的。因此，教研活动是一个能够由老师自我驾驭且具有操作性、实效性的专业成长平台。

随着社会的发展和进步，人们对教育的需求度越来越高，老师的专业成长也面临着巨大的挑战。一位老师从走出师范院校到走进学校、登上讲台，再到退休，从业生涯三十余载，其专业知识和专业素养也时时面临新的压力。在这个过程中，老师的专业发展也从外在的显性压力转为强烈的自我需求。因此，老师们常常寻找各种机会为自己补充知识，从而凭借自己扎实的专业能力灵活自如地驾驭课堂，并获得优异的教学成绩。

在众多的学习成长活动中，“学科教研”无疑是一项系统而持久的活动。大家在这个平台上通过聚焦问题、讨论研究、分享成果等诸多方式，以拓宽学科视野，丰富专业知识，认识多种教法，从而达到专业成长的目的。因此，教研活动是一个能够由老师自我驾驭且具有操作性、实效性的专业成长的平台。

然而，教研活动多年来一直被“形式”所累，“对对进度”“议议考试”“聊聊学生”等话题成为教研活动的主要内容。这样的教研方式已经无法满足教学工作的需要，教学中的困惑和问题依然存在，这些困惑和问题又陆续变成一个又一个的教学障碍，影响着教学质量的提升。久而久之，教研活动不再是老师们的成长期待，而成了他们的时间负担。

随着“一课一研”方案的启动和推进，我们开始重新审视教研活动的内容和流程，从“实效教研”着手，找准着力点，有效解决教学中的困惑和问题，让教研活动真正成为老师解惑释疑和个人成长的平台。

在充分征求了各基层学校老师的意见和建议后，我们组织了部分优秀老师对“研课”活动的各个环节进行了梳理与整合，同时吸纳了“十二五”课题研究中的部分成果，建构了“一课一研”初期阶段的基本活动流程，用“规定动作”与“自选动作”相结合的方式，引导“研课”活动逐步走向规范和有序。

初中语文“研课”活动围绕“聚力主要问题、破解教学困惑、尊重学科特点、助推老师成长”的教研理念安排活动，以“教学目标的设定、文本核心价值的提取、教与学活动设计、知识落点与评价”为主要研究内容，以“独立备课、一人主讲、分块突破、共议共享”为主要活动方式，力求为大家呈现一个基础性的活动范式，提供一个可参照的教研流程。

从初中语文学科的特点看，“一课一研”是指一篇课文要安排一次教研活动。这对于习惯了过去“一周一研”活动方式的老师们来说，首先需要解决时间上的不适应问题。同时，面对一学期 20 多篇课文和诸多教学内容，“研课”的活动安排除了时间分配问题，更重要的是“研什么”和“怎么研”。下面仅从三个层面逐一解读初中语文“一课一研”的活动流程。

## 一、聚力“研课”内容，解决“研什么”之困惑

教研活动是教学中的研究活动，老师可以通过此项活动，针对教学中暴露出来的问题，研究破解的对策与方法，以此改进课堂教学的环节和内容，提高课堂教学效率。因此，正确认识目前语文课堂存在的问题，是“研什么”的前提条件。

### （一）现象分析

目前初中语文课堂上主要有以下几种现象。

**1. 老师阅读能力下降导致驾驭文本能力下降**

面对社会的多元化，受“碎片化”阅读和电子产品阅读的影响，语文老师原本应有的阅读能力和语文素养有所下降。面对课文的频繁变化，老教师无法凭借经验备课、教学；年轻教师也因生活阅历不足而无法对新教材进行准确的理解和把控。老师备课时对教参的依赖性过强，没有自己的阅读思考和阅读感悟，无法把文学作品内化到自己的思考和理解中。

**2. 老师对教材核心知识的把控度不够，教与学的活动设计不到位**

面对繁多的语文知识，有的老师缺乏梳理核心知识并将其设计成若干个教学活动的能力，即问即答，随心所教的现象依然存在。这样的教学形式无法引导学生在课堂上进行思维训练，无法让学生对教材的核心知识形成动态思维和迁移思维，久而久之，势必影响学生在考试时的思维方式和文字表达。

**3. 课堂教学与“编写要求”错位，学生的学习兴趣受到影响**

一篇课文的知识点很多，可以作为老师教学内容的知识也很多。但是，哪些是核心知识，哪些是延伸知识，需要老师根据“单元要求”和课文后的“编写要求”进行梳理并聚焦提取。“编写要求”是指课后的知识评价，这是编者在文章入选教材后依据《语文课程标准》和本单元的学习要求，对文章核心知识进行梳理后的呈现，也是对教师教学提出的基本要求。教学时，师生都要认真关注这部分内容。但是，有的老师讲课时对课文的内容处处设问，却单单忽略了课文后的知识评价，从而导致讲和练的脱节。当学生的作业和老师所讲内容无法产生对接的时候，这样的作业不仅增加了学生的负担，也影响了他们的学习兴趣和学习热情。

(二)“研课”内容

面对教学中的诸多问题与现状，我们从教学实际出发，深挖“研课”的四个层面，即“四研”。

**1. 研“教学目标”**

教学目标是备课与上课的主要依据。没有清晰、明确的目标，就没有清晰、准确、流畅的教学活动设计。回顾我们曾经的教案，有的老师习惯于从网上下载粘贴，设计教学内容时又无视教学目标的框定，率性而为。因此，教学目标是“研课”中的第一个任务，其具体要求有三点。

一是目标定位要精准，要紧扣教材的核心价值，要体现出《语文课程标准》的教学要求。知识与能力，过程与方法，情感、态度与价值观三者之间要相互交融，相互渗透。

二是目标制定要具体，如知识目标要具体到字词，不能用“识记本课生字词”一句代之。

三是教学层次要清晰，如文学作品要从文学知识、文学样式、文学情感三个方面设定教学目标。

**2. 研“核心价值”**

在初中语文阅读教学中，文本核心价值的有效提取是教学任务完成的关键，也是目前语文老师备课的重要内容之一。明确了文本的核心价值，才能够围绕核心知识设计教学活动。文学体裁不同，其核心价值也各有不同。“研课”过程中，老师要在充分尊重文学特点的基础上确定文章的核心价值，如文章的主题内容、文章的行文脉络、作者的创作动机和创作情感等。

**3. 研“问题设计”**

文本的核心知识如何与学生产生有效对接，并转化成学生的知识与能力，需要通过有效的教与学活动完成。在这个教学活动中，“问题思考”是贯穿始终的链条。老师通过提出问题，把文本的核心知识集中且有序地呈现在学生面前，学生通过对问题的逐层思考，达到理解文本内容、获取相关知识并内化为自己的语文素养的目的。那么，从哪些角度设计问题才能够“集中且有序”地呈现文本的核心知识呢？如何发问才能让学生顺利进入思考状态呢？

一是从整体感知文章内容上设计问题，为学生提供阅读文本、梳理线索的时间和空间。如《竹影》一文，作者围绕“竹影”写了哪些内容？请以“竹影”为核心词为这些内容拟几个小标题。

二是从文本细节上设计问题，引导学生走进文本，品读文字，揣摩细节，从中接受文学作品的熏染和浸润。如《信客》一文，特殊的职业造就了特殊的品格和素质，从事信客这一职业的两代人有着怎样的品格和素质呢？从文中哪些细节可以看出来？

三是从文学样式和语言特点上设计问题，引导学生品味语言，认识多元文化，丰富文学知识。如《端午的鸭蛋》一文，细细品读文章语言，找出最能够代表作者语言特点的句子，概括其语言特点。

四是从作者的创作动机设计问题，让学生明白作者的写作意图，揭示文本最深层次的东西，探究作者内心深处最柔软的那片区域，阐释文本的核心价值，让文本的价值得到最大的体现。如《信客》一文，著名学者余光中先生认为，余秋雨“把知性融入感性，举重若轻，衣袂飘然走过了他的《文化苦旅》”。这评价十分中肯。余秋雨作品中理性的思考与感性的语言，承载着思想的重量，诠释了与历史相联系的中国文化内涵。余光中的评价对你认识作者与他的作品有什么启示呢？作者在课文中借两代信客的人生经历想带给我们怎样的思考呢？

**4. 研“知识评价”**

这里的知识评价是指与课堂教学相照应的知识训练体系。教学目标，重点、难点等知识在教学中均占有举足轻重的地位，因此，在评价时要一一对应并加大训练的力度，不能课上讲一套，课下练一套。在确定核心知识和教学活动设计的同时，也要“研”出与核心知识对应的训练内容，以此作为评价课堂教学效果的依据。以阅读教学为例，可以从以下五个方面确定评价内容。

一是语文基础知识，包括字、词、句，汉语知识，文学常识，修辞手法等。

二是文章主要内容及行文脉络，如文章线索、文章结构、事件及人物等。

三是文章的细节勾画，文章的文学风格和语言风采，字里行间透射出来的文学力量。不同作者的行文风格均有不同，在对比中感悟、赏析，是对文学作品的敬畏和热爱。

四是作者的创作情感及对读者产生的作用和影响。

五是由此文延伸出的更多更深层的认识和思考。

如在《陋室铭》“研课”后，老师们形成了这样的知识评价：

1. 给下列加着重号的字注音。

惟吾德馨（　　）　鸿儒（　　）　案牍（　　）　诸葛庐（　　）

2. 文学常识填空。

这篇文章选自《__________》，作者是________（朝代）的__________。“铭”是古代刻在器物上用来__________和__________的文字，后来发展为一种文体。

3. 解释下列句子中加着重号的词语。

（1）有仙则名　（2）斯是陋室　（3）惟吾德馨

（4）苔痕上阶绿　（5）可以调素琴　（6）无案牍之劳形

4. 辨析下列句子中“之”的用法。

（1）水陆草木之花，可爱者甚蕃。

（2）予独爱莲之出淤泥而不染。

（3）无丝竹之乱耳，无案牍之劳形。

（4）孔子云：“何陋之有？”

（5）渔人甚异之。复前行，欲穷其林。

5. 把下列句子翻译成现代汉语。

（1）斯是陋室，惟吾德馨。

（2）孔子云：“何陋之有？”

6. 请从文中找出写“陋室”的句子，看看分别写了哪些内容。结合重点字词，总结陋室的特点。

7. 除了描写陋室，文章还写了哪些内容？作者在文章首尾写的这些文字，有什么用意？

8. 结合背景想一想，作者借陋室这一“物”，言了什么“志”？你从中读到了一个怎样的刘禹锡？

9. 背诵并默写全文。

这组评价是由五个层次的知识构成，其内容基本涵盖了本节课的知识要点。使用这组评价，既可以测评学生的学习效果，真实反馈出学生的学习情况，也可以约束老师的教学行为，有利于老师查漏补缺。因此，这样的“研课”是有实际意义的，对老师的教学过程有着很好的辅助作用。

## 二、寻找合理方式，突破“怎么研”之瓶颈

长期以来，学校的教研活动大多处于“有时间没内容，有形式没实效”的状态中。老师们没有从教研活动中获得成长的营养，久而久之，也就失去了研究的动力和期待。因此，当固定的教研时间和繁忙的事务性工作产生碰撞的时候，教研活动就成了一种负担。

为了让“研课”活动真正成为老师备课、教学的依傍，成为助推老师成长的平台，经过缜密地分析和研讨后，课题组提出了“独立备课、一人主讲、分块突破、共议共享”的“研课”活动范式。

“独立备课”是“研课”前的重要环节，也是“教学常规”中“备、教、批、辅、考”的首要一环。老师只有在独自解读教材和独立研究教材时才能获得属于自己的理解与思考，而这种理解与思考是任何“群体活动”都无法替代的。丢掉了这个环节，老师对教材的理解就是“夹生的”，就是鹦鹉学舌与照葫芦画瓢。特别是语文老师，没有对文本的内化式解读，没有受到情感的浸润与渲染，就无法在课堂上与文本、作者、学生产生对话关系，也无法与之产生情感上的共鸣。仅仅依靠别人修改好的教案，依靠从教参上搬过来的文字，是无法获得应有的教学效果的。经历了日复一日、年复一年的工作，老师并没有从教学中获得专业上的提升，也无法谈及职业上的快乐和幸福。因此，“独立备课”不仅仅是教学的需要，也是老师个人成长的需要。

“一人主讲”是“研课”中的一个环节。它是指在独立备课的基础上，先指定一位老师把自己的备课情况讲述出来，重点讲述“四研”内容：教

学目标、核心内容、问题设计、知识评价。之后，其他老师针对自己的备课情况谈看法、说建议。最后，老师们通过沟通交流，统一认识、统一思想，在交流分享中完善教案内容。

“分块突破”与“共议共享”是建立在前面两项活动基础之上的“研课”行为。“分块突破”即老师们对教学中的重点环节与主备课人交流看法、分享认识及各自的备课成果；“共议共享”则是老师们各取所需，完善自己的教学设计。

“研课”之后，老师们在充分尊重核心知识的前提下，分别修改自己的教学设计，以不同风格的教学方式完善自己的教学思路。

## 三、规范教研流程，完善“常态研”之范式

“一课一研”活动的启动并不难，但使之“常态化”却不容易。教研活动的有效进行不是一朝一夕的兴趣之举，而是教学过程中的常规行为。要让这套“规定动作”产生应有的效果，让语文老师成为“研课”的受益者，不仅需要依靠认识上的转变，还需要从制定计划、选好主题、建立制度等方面完善，让语文老师在自觉和自律中参与到“常态化”的“研课”中来，并对未来的“研课”充满期待。计划、时间、主题、人员、制度等各项保障，固然是“研课”活动保持持久性的重要基础，但是真正的“有所坚持”还在于活动本身对老师成长所产生的价值和影响，这才是确保“研课”活动持久性的最有力保障。

# 阅读教学中的"知识评价体系"实践探索

## ——"'159'知识评价体系"说明及解读

**引言：**你有在课堂上留作业的习惯吗？你布置的课下作业，是你在课堂上所讲授的内容吗？这些作业学生能够独立完成吗？每次考试成绩出来，你有"都讲了，学生怎么还是不会"这样的困惑吗？面对语文教学课堂评价弱化的现象，有必要寻找一种合理的评价方式，给语文课堂的知识评价预留一个空间，让核心知识聚焦并落地生根。

长久以来，评价始终引导着语文教学的方向。课时评价、单元评价、周考、月考、期中考、期末考、中考……这林林总总、大大小小的考试都是评价教学质量的方式，也是评价老师教学成绩的标准。很多老师在各种评价中备受煎熬，因为"考非所教"，由此而引发的"为考而教"的现象严重影响着许多一线教师的教学理念和教学行为，也影响着语文教学的方向。

初中语文的知识评价有多种方式，如课堂评价、课下作业、阶段测评等，其中运用最为广泛的是课下作业和阶段测评。而课堂评价大多是以提问、交流的方式进行，这样的评价方式无法获得真实的评价结果，老师也就无法知晓课堂教学的真实效果。

在初中语文阅读教学中，当一篇厚重的文章进入教材后，它的角色也随之发生了变化。因此，如何把一篇文章的核心知识提取出来并形成阅读教学的核心内容，如何在课堂教学中聚焦核心知识并设计教学流程，以何种方式对所学知识进行评价，把什么内容作为评价标准等，这些都是语文老师最为关注的。目前的语文课堂由于种种原因，依然存在着老师所讲知识与文本的核心知识不统一，课下作业与老师所讲内容不统一的现象，导致了学生作业正确率低，语文测试成绩不佳，既影响了语文教学效率，也影响了学生的学习情绪。

由此可见，老师对文本的准确解读、备课时对知识的准确提取、教学过程中将核心内容合理呈现、课堂上的适时评价、课后作业的精挑细选是“课堂效果”的强力支撑。而目前，大多数语文老师还无法适应频繁更新的语文教材，仍然有一部分老师，特别是农村中学的语文老师，对文本的理解还无法满足教学的需求。

基于以上现象，我们组织了部分优秀教师在广泛调研的基础上，借助课题研究的平台，从课堂评价的角度切入，制定了“初中语文阅读教学‘159’课堂知识评价体系”（简称“‘159’知识评价体系”）的研究方案和实施细则，希望能给老师们一个解读文本、建构有效课堂的支撑和抓手，让语文课堂在有限的时间内，呈现出应有的课堂效率。

“‘159’知识评价体系”的实施路径有两条，即“显性”路径和“隐性”路径。

显性路径是作为学生课堂和课下作业使用的一套覆盖文本核心知识的评价要求；隐性路径是作为老师解读课文、“研课”活动、备课上课使用的内容参照和形式参照。

下面就“‘159’知识评价体系”作简要解读。

## 一、“1”为自选动作，即让学生自己选择抄写一段课文

设定这样的评价要求有三个意图：一是激发学生对语言文字的兴趣和热爱；二是培养学生的动手能力和写字习惯；三是让学生积累文学语言，提升语文素养。

教材中的文本语言是一种丰富的文学资源，学生在完成这个自选动作时需要经过阅读、筛选、抄写三个阶段，汉字、词语、句子等这些具有非凡价值的文学信息都一一再次呈现在学生面前。这三个阶段也是学生对文本的再一次审视、欣赏、接纳并将其贮存在自己记忆中的过程。

抄写的过程是学生对知识的内化过程，也是学生情感的浸润过程、品格的影响过程、价值观的形成过程。这看似微不足道的一段抄写，却有着持久的影响力和深刻的穿透力。同时，抄写活动也不会让学生产生畏惧感，每次的抄写还可以给学生带来文字书写过程中的快乐，让不同层次的学生都有完成作业的满足感，从而培养学生学习语文的兴趣，提高学生学习语文的自信心。

抄写是需要筛选的。在开始的时候，学生也许会面带“愁容”，会面对长长的文本感觉无从下笔。老师可以从简单的抄写要求开始，对抄写内容和数量不做硬性规定，只提“喜欢哪段就抄哪段”的要求。“喜欢”，是阅读体验的成果。为了寻找自己的“喜欢”，学生会仔细浏览文本，反复斟酌，勾勾画画，这个过程也是快速阅读的过程。“喜欢”是需要理由的，这个理由虽然没有外显，但这也是学生一次心理判断的活动过程。

抄写是需要动手的。长期以来，语文课堂最缺乏的就是学生的动手实践。“听”，一直是课堂活动的主要形式。老师不厌其烦地讲解各种知识，叙述着自己对课文的理解，讲到一个自己感兴趣的地方，就停不下来。学生一节课都在“认真听”和“迷糊听”的双重节奏中艰难地“熬”着，下课铃响了，老师还意犹未尽。因此，语文课堂并不缺少“听”的时间，反倒是动手的时间极其少。由此看来，抄写一段课文，让学生动手学语文，不仅仅是强化记忆、积累语言的一种方式，也是“变教为学”的最好体现。

抄写没有思维难度，作为课下作业，不会因理解障碍影响作业的完成情况，看似机械的抄写，实则比抄答案有价值得多。

## 二、“5”为规定动作，即5道思考题

这个规定动作有两个指向：一是给老师提供的备课思考、课堂教学方式的思考、对学生进行终结性评价的思考；二是老师根据这5道题的方向，设计出适合学生操作完成的课堂作业和课下作业，以评价学生对课堂上所学知识的掌握程度。

5道题的设计，要紧紧围绕课文的核心知识，从文学知识、文学样式和文学情感三方面的积累进行设题。这5道题不是课堂测试题，而是老师在教学设计中为学生提供思维活动的切入口。因此，它既是语文老师的备课参照，也是老师评价学生学习的行为依据。

从目前的语文课堂看教学效果，学生在多种语文能力的培养过程中，最欠缺的是语文学科的思维能力。学生思维能力缺失的主要原因是老师不能在教学中给学生搭建精准合理的思维平台，不能给学生提供适当的思维契机。学生在听讲或讨论过程中，没有开动思维机器的“诱因”，自然也就没有思维产生。

一篇经典的文章的知识含量是很丰富的。教什么，学什么，哪些知识要精讲，哪些知识可略说，如何安排教学时间才能完成国家规定的课程内容，这些问题需要从三个方面审视，即课程标准的阶段要求、教材的编写要求和文本的自身价值。聚焦并总结核心知识，可以规避老师教学的盲目性和随意性，让文本的核心知识在课堂上有效落地；便于老师把教学要点转化为训练要点，避免学生上课学一套，课下练一套。

因此，在对核心知识梳理的基础上，5道题的设计需要涵盖以下几个方面。

一是语文知识的积累。一篇优秀的文学作品所包含的语文知识是丰厚的，字、词语、句子、修辞手法、语言风格等这些知识藏匿于文本之中。老师在备课时要把这些知识提取出来，呈现在学生的面前，用多种教学方式帮助学生理解、记忆、强化巩固并应用这些知识。

通过辨识字音字形、理解词义、寻找错别字等方式，学生可以达到加强记忆字词的目的。以上内容采用选择题、填空题的形式呈现，既可以串联起多个知识，也减轻了学生的书写难度。

二是对课文的整体感知。阅读一篇文章，要在第一时间获得最核心最有价值的阅读信息，这是最基本的阅读能力训练。因此，在评价设计中要明确提出阅读要求。如《苏州园林》一课中的评价是这样呈现的：

苏州园林的整体特点是什么？课文从哪几方面具体说明了这个特点？

这样设计问题，可以培养学生整体把握课文内容、梳理文章结构和提炼段落中心句的能力。

三是对课文内容的细致解读。这个教学环节是阅读教学的薄弱环节，也是老师最容易忽略的环节。随着各种“课改”信息的涌入，很多“个性化”的教学摸索冲击了传统的教学方式，文本结构的梳理、文学语言的体会、文章细节的揣摩等内容，都被“你喜欢文章的哪些内容呢？喜欢哪些句子呢？请自由朗读并说说理由”等问题取代了。这样的教学方式影响了学生对文本资源的广泛吸纳，影响了学生对个性化语言的体味与揣摩，影响了学生对作者语言风格的欣赏和借鉴，最终会导致学生的习作没有层次感，没有结构意识，更没有语言风格，进而影响学生的写作水平。因此，在教学中找对切入点，对文本进行细致分析并充分品味作者的语言特点，是阅读教学的重要内容。

如《罗布泊，消逝的仙湖》一文，从内容的细节上可以设计这样一组问题：

1. 快速浏览课文后思考：本文围绕“罗布泊”写了哪几方面的内容？

2. 跳读课文，从文中找出高度概括罗布泊过去、现在以及消逝原因的三个句子，说说文中哪些词语能够更具体更深刻地表现这三方面的内容。

四是对课文语言的咀嚼、品味、赏析。课文作为文学作品的载体，理应传达出更多的文学信息，给学生施以更多的文学养分。尤其是当遇到不同的文学样式和不同风格的作家作品时，我们更应该引导学生细细品味，让学生从中找到自己欣赏的语言表达方式，找到适合自己的语言风格。

如丰子恺的《竹影》：

有人说丰子恺的语言生动活泼且富有童真童趣，也有人说他的语言简练传神且富有生活气息。你从文中的哪些语句感受到了这些语言特点？

五是对课文思想内涵的体悟，对作者内心情感的触摸。体会文学情感是语文教学的主要内容，但是在教学中，这个过程往往被一些乏味的、单薄的、机械的问题所取代。如“这篇文章表达了作者怎样的感情”“你从中体悟到了作者怎样的感情”这样直白的问题，没有写作背景的铺垫，没有对作者生活的介绍，学生的回答也只能是干瘪的一个答案而已，情感融合更无从谈起。因此，老师要注意引导学生了解作者创作时的社会背景和生活背景，从更为广阔的领域和作者的情感进行对接，并形成相通、相融的学习效果。

如平晓涛老师在《罗布泊，消逝的仙湖》中这样设计：

报告文学以客观真实和生动形象的语言，揭开了真相，报告了真实，用文学呐喊着作者对自然、社会、人性最真诚的拷问。在这篇文章中，作者振聋发聩的拷问除了要呼唤人类的环保意识外，还想告诉我们什么呢？又引发了我们怎样的思考呢？

如闫靖芳老师在《陋室铭》中这样设计：

作者的种种情绪和情怀，借助陋室得以宣泄，得以倾诉，这种写作手法叫“托物言志”。结合背景想一想，作者借陋室这一“物”，言了什么“志”？你从中读到了一个怎样的刘禹锡？

这几种和作者对话的方式，直接触摸到了作者内心情感里最柔软的那片区域，也给学生的情感注入了丰富的养分。

以上几个角度的问题设计，既是对文本核心知识的梳理，又是对学习活动的引领。每一个问题既是启动学生思维枢纽的开关，又是打开学生思维闸门的钥匙，学生的学习活动和思维活动能够在这个教学过程中真正发生。

## 三、“9”为综合运用，即让学生自己选择积累 9 个词语并学会运用

对于初中生而言，语言积累的情况直接影响到写作水平。现代化的生活方式和学习方式，弱化了学生对“整本书”的阅读兴趣；浅表浮躁的阅读过程，无法让学生静下心来对阅读对象进行细细品味。因此，学生的阅读也仅仅局限在对故事的兴趣和对人物命运的牵挂上。语言，这个语文的核心要素，无法真正沉淀在学生的阅读过程中。因此，在教学中，加强学生对词语的积累，是语文教学的一个重要环节。

“‘159’知识评价体系”是一种规定动作和自选动作相结合的评价方式，其目的有三个：一是促使教师把评价关注点前置，使评价与核心知识、教学问题设计形成照应关系，提高学生作业的正确率；二是减轻学生课外作业负担，用自选动作填补学习中的空缺，让学生有更多的时间读书；三是为教师理解教材、分析教材、设计教学活动提供导向和约束，也适当地对“满堂灌”做出理性调控。

“‘159’知识评价体系”只是针对初中语文低效课堂的一个无奈之举，在实际操作过程中或许会遇到一些问题。因此，在实际操作中，还需要整合教师资源并不断更新知识评价内容以供老师们使用，更多的语文老师也会在这个过程中逐步成长、成熟。

# 建构作文教学体系　让学生在写作中成长

## ——初中“作文教学六环节”实践探索

**引言：** 作文教学一直是语文老师心中的“痛”，年年岁岁，岁岁年年，这种痛一直挥之不去。“课改”改了许多年，教材修订了好几次，作文教学依旧是“空间无限大”，由此带来的教学随意性也很大。从一线教学现状看，作文教学急需一个行为依托，让老师有所遵循，有所凭借，以保障作文教学的实效。为此，我们组织优秀的教学力量，启动了初中作文教学的实践探索……

学生经过小学阶段图文并茂的形象作文训练，进入初中后，最明显的感觉就是面对作文时很茫然，不知道写什么，也不知道如何写才能让老师满意，让家长欣喜。虽然课程的改革和教材的更新给语文教学带来诸多新变化，但是面对作文时，学生依然感到茫然，老师仍然心存困惑，这些因素直接影响了作文教学的过程和效果。

鉴于以上教学现状和师生们的心理困惑，我们从“生活态度与生活积累”“阅读积累与阅读感悟”“审美情趣与健全人格”三个维度切入，对初中阶段的作文训练从六个环节，即“作文教学六环节”进行了实践探索，旨在为师生创建一个良好的写作秩序，打造一个宽广的写作平台，让学生在这个平台上书写生活、表达真情实感。同时，我们用“营造心境”“积累生活”“学会思辨”“陶冶性情”“展开联想”“文道统一”六个主题构成训练环节，引导学生实现“作文与做人”的和谐统一。

### 一、为学生营造一个“放飞自我、抒写心声”的表达心境

进入初中一年级后，老师要引导学生保持一种良好的倾诉状态，让他

们明白：写作是为了表达自己内心的感受。看到一些事情，感受到一些东西，内心受到了触动，感觉有话要说，不说出来心里就不舒服，这时用笔表达出来的文字就是作文，这种心绪下的文字是生动的、流畅的。也许刚开始的时候，学生在语言上还不太规范，也许会有错别字或病句，不过这都没有关系，因为这个时期最重要的是良好的倾诉意识和倾诉状态。

从尊重生命的角度出发，写作一是要自由，二是要真实。也就是说，学生要放开手脚，抛掉所有的思想束缚，自由表达，自由倾诉，逐渐培养自己的表达愿望和冲动，要让心情在自由舒展的状态下飞翔，从而进入良好的写作状态。可以说，这个阶段也是表达习惯的养成阶段。

王筠在他的《教童子法》中说道："作诗文必须放，放之如野马，踶跳咆哮，不受羁绊，久之必自厌而收束矣。此时加以衔辔，必俯首乐从。"放，就是要放飞心灵，让大家自由表达，自由倾诉。放飞自我主要侧重以下几个方面。

一是在选材上"放"。选材要不受时空和主题的限制。老师要引导学生写自己想写的内容，说自己想说的话。可以写"我的故事""我的快乐""我的烦恼""我的爱好""我的激动"，也可以写心中想、情中感、感中悟、悟中思。这个阶段追求的是表达的流畅、语言的真实、情感的纯真。

二是在形式上"放"。不同的语言表现形式在写作中发挥着不同的作用。比如记事用叙述，清楚明白，有条不紊；写人写景用描写，栩栩如生，引人入胜；说明性的文章用解说，简洁准确，科学严谨；阐述观点用议论，准确鲜明，论说有力；表达情感用抒情，淋漓尽致，真实感人。这么多的语言表现形式给大家提供了充分的选择余地。同时，写作不要拘泥于某一种表现形式，要放开手脚，大胆写作，自由随意地表达，这样的写作过程才是流畅而生动的。

三是在命题上"放"。在初一阶段，要引导学生多写自命题作文，少写命题作文。如果命题不合适，学生的作文就会给人"千人一面"之感。老师可以为学生提供一些场景或情境，让学生写写在这个场景或情境中发生的故事、生发的感受；也可以让学生自己选择写作内容，写自己最想讲述的故事，写自己最想说的话。此外，老师要引导学生做一个社会生活、学校生活、家庭生活的记录者，随时随地把生活中看到的或感受到的东西记录下来，积累素材，厚积薄发。

## 二、引导学生走进生活、认识生活，培养学生积累素材的习惯

学生在写作时的另一个困惑就是不知道写什么，总是感觉无话可说。叶圣陶先生说："作文与说话一样，是生活的必需，并不是生活的点缀。"作文是生活的一部分，是一种发展，是一种享受。要想拓宽写作空间，使作文内容更加丰富多彩，就要先学会积累。积累什么？怎样积累？这是写作文要突破的一个瓶颈。

### （一）在生活中积累

丰富多彩的家庭生活为学生积累作文素材提供了丰富的资源，如家庭的温暖、家中的矛盾、家人的性格特点、饭桌上和爸爸论辩、晚饭后陪妈妈聊天，匆忙的早餐、安静的午休、晚饭后的读书活动等，这些看似简单平常的家庭生活其实都是写作的素材。此外，学校生活、社会生活、自然生活中都有学生可以使用的素材。生活如此纷繁复杂，哪些素材能够引发学生积累的冲动从而被储备起来呢？这就需要我们引导学生观察生活、感受生活，以自己对生活的感触和理解积累生活中看似平凡的事情，以感受生活的细腻心情把这些平凡小事留在记忆里。随着年龄和阅历的增长，这些见闻和感受会成为学生写作的素材，并激发学生写作的兴趣。

积累需要观察，更需要敏锐的观察力。一个对身边事物熟视无睹的人是不能产生任何感觉的，只有具备敏锐观察力的人才能发现生活中有意义、有价值的东西。因此，要注意培养学生敏锐的观察力，让学生做生活的有心人。

### （二）在阅读中感悟

文学作品向我们展示了广阔的生活画面，走进文学作品，品读不同时期的生活内容，跟作品中的人物沟通交流，可以加深学生对生活多样化的认识和理解，并从中汲取思想的源泉，提升学生的认知水平。如《爸爸的

花儿落了》中英子的成长过程和“闯炼”的生活经历，史铁生的生命历程和对生活的痛苦思索等，这些内容与学生们现在的幸福生活产生了强烈的对比。学生通过和文本对话、和作者对话，逐渐进入作者的生活领域和情感领域，逐渐丰富自己对生活的认识和理解，这也是一种很重要的积累方式。通过阅读，学生们不仅积累了生活的多姿多彩的面貌，还积累了不同的文学样式和文学形象，积累了文学语言和民族语言，并在积累与体悟中丰富了自己，使自己的阅读能力和写作能力同步提高。

## 三、引导学生感悟生活，培养学生的思辨能力

“表达自己对自然、社会、人生的感受、体验和思考”，“发现生活的丰富多彩，能抓住事物的特征，有自己的感受和认识，表达力求有创意”是《语文课程标准》对写作的要求。表达“人生的感受、体验和思考”，需要在观察生活的过程中融入自己的思考，要对生活有所认识，有所思辨。作文，仅仅停留在观察和诉说生活这个层面上是不会产生“独特感受”和“真切体验”的。生活对于学生来说，是简单的也是复杂的，是平面的也是立体的。如果仅仅停留在诉说生活的层面，就只能是记录生活。我们在记录过程中，还要谈谈对某件事的思考和看法，把事件的表面现象和生活联系起来，和成长历程联系起来，和做人的道理联系起来。这种思考未必有果，未必有结论，也许仅仅是思索，也许仅仅是感悟，抑或仅仅是困惑，但只要能直击生活的内核，就能与读者产生心灵的碰撞。同理，这个过程也是思考生活的过程。思考，不仅能产生思想，也能产生语言，而且是有思想的语言。这种语言是最有魅力的语言，也是最能打动读者的语言。

那么，怎样引发学生的生活话题，诱发学生产生有思想的语言呢？

无论生活在怎样的环境里或具有怎样的性格特点，每个学生心里都有一个最活跃的区域，这个区域就是他喜爱和关注的事物或现象。如果让学生在自己最活跃的这个区域里进行思考，就会出现闪光的火花——这就是思想的产生。一篇好的作文有两个支撑点：一个是语言，一个是思想。语

言表达重在积累，思想的产生重在培养。“积累”和“培养”是作文教学的两个重要内容。

学生的生活内容丰富多彩，儿时的生活画面五彩缤纷，现实的生活场景色彩斑斓。但在某一个时期里，学生的思维能力和思辨能力还达不到一定的深度和高度，这个时期的生活仅仅作为素材储存在学生的脑海里。随着环境的变化和时间的推移，学生的生活素材慢慢增多，对生活的认识和理解能力也逐步提高。此时，我们的作文教学应该引导学生既要关注、思考今天的生活，又要经常打开已有的生活储备，搜索已有的生活积累。这时的生活素材已经不是原有的意识行为和思想行为了，而是提升后的认识和思想；这时的感悟也较之原有的素材感悟更加全面和深刻。老师的作用就是引导学生把已有的生活积累和现在的思考结合起来，从而表达出最为真实的生活体验和感受。

## 四、引导学生学会欣赏，提高学生的生活品位

欣赏是快乐心情之源。生活中可以欣赏的内容很多：欣赏家人，能够获得对爱的更多理解；欣赏朋友，能够扩大交流的空间，提升交流的意趣。大自然处处有可以欣赏的资源：鲜艳的花儿让我们悦目，温柔的新绿让我们舒心；春日有其生动，秋日有其绚丽；海的灵动闪烁着智慧的波光，山的重叠则显示着丰富与厚重……面对丰富多彩的生活，教师要引导学生以积极、健康的心态走进生活、走进自然，用敏锐的洞察力发现美，用青春的激情感受美，用纯净的思想欣赏美，用蓬勃的生命创造美。让学生在欣赏与审美中提升自己的生活品位，用美丽的心情书写美好的篇章。

## 五、运用联想和想象，丰富表达内容，展示个性化表达风格

生活的空间无限大，但学生们对生活的体验却受到了时空的限制。如果没有联想和想象的多维，世界将变得荒芜，生活将变得单调。通过联想和想象，学生们可以拓展生活空间，凝聚更丰富的情感，并获得从未有过的体验。

那么，如何运用联想和想象丰富学生的表达内容呢？

首先要引导学生利用头脑中所存储的已有信息，通过联想和想象构筑新的形象，如合理扩展、纵横延伸等；同时要引导学生处理好由此及彼的关系，处理好从“事物”到“事理”的过渡；还要引导学生找准联想和想象的基点，即触发联想和想象的寓意，从不同角度认识事物，认识事物的不同侧面。在联想的基础上，还要有针对性地进行表达，体现事物的真实性，从真情实感出发，直击时弊。

联想和想象是多维的，可以从多个角度多个方面进行。如一棵小草、一块石头、一个花骨朵、一片浮云、一个圆圈、一个标点、一个简单的音符等，都能引发联想和想象。但联想和想象又是独立的，每个人有自己联想和想象的空间，这个空间是建立在自己独特思维基础上的，也是建立在自己对事物的认识和理解基础上的，同时还是建立在自己对未来的希望与追求基础上的。老师要引导学生用自己独有的认知方式进行联想和想象，让学生展示想象过程和想象结果，使学生们在相互交流的过程中丰富想象内容。老师还应引导学生在联想和想象的空间里，运用自己最擅长的表达方式表达自己的思想。久而久之，这种表达方式的运用就会更加娴熟而流畅，就会形成一种具有个性化的表达方式和表达风格。

## 六、培养良好的情操和文风，凸现“文道统一”“文道和谐”

作文是人的思想、认识以及人生观的体现。陈玉秋在《中学生作文学习与人的发展》中说：“作文就是一种构建个体精神世界的过程，是一个使人的灵魂得到洗练的过程。”作文的过程是学生的思想认识再现和升华的过程，“文如其人”，有什么样的人品就有什么样的文品，人品与文品是永远不可分割的。因此，教师要引导学生在作文中展示自己的思想品格。学生通过写作文加强对生活、对人生的认识和理解，从而提高自身的修养，让身心健康发展，让作文水平得到提升。

教师可以从三方面引导学生认识作文与做人的关系。

一要引导学生说真话。“一个人在表达的时候，想说什么就说什么，这才真正能培养出健全的人格。对于儿童，乃至对于成人，诚实是最重要的道德标准。而且只有在诚实表达的基础之上，才会使别人正确地理解自己，从而使自己与外部世界达成一种和谐和沟通。”王富仁先生的这段话，精辟地论述了作文与做人的关系。因此，老师要引导学生在作文中说真话、表真情。同时，说真话也是做人的基本原则。王富仁先生说：“一个人在青少年时期犯的一些错误，随着自己生活经验的增加，会逐渐得到纠正的，这些并不可怕。可怕的是不说真心话，不诚实。人虚伪了，就什么缺点错误也不易改正了。”

二要引导学生以健康的心态看社会、看人生。老师通过对学生进行心理健康教育，让他们以正常、健康的心态面对生活、面对作文，并引导学生微笑看人生，乐观看世界，以积极乐观的心态看待生活中的困难和挫折。只有这样，学生才会通过写作更好地思考人生的意义和价值，使自己成为一个热情、开朗、具有优秀品德的人。

三要有鲜明的主流意识。社会的复杂很容易让正在成长中的学生难辨真伪，各种言论和观点很容易混淆学生的是非观。因此，老师要引导学生从生活、历史和各类文学作品中汲取积极的“营养”。学生通过和先哲们对话，和大师们交流，可以领略他们的磅礴大气和浩然正气，感受他们身上的民族气节和民族精神。钱理群先生在他的《语文教学门外谈》中对这个问题有精辟的论述：

> 中小学语文教育主要应培育学生对真、善、美的追求，对彼岸理想世界的向往与想象，对人类、自然、宇宙的大关怀，对未知事物的好奇心，并由此焕发出内在与外在的激情，生命的活力，坚强的不屈不挠的意志力，永不停息的精神的探索，永远不满足于现状的批判与创造的欲求。所有这些宝贵而美丽的精神素质可以概括为“青春的精神”。
>
> …………
>
> 人在年轻时代以这样的精神素质垫了底，以后无论遇到了什么艰

难曲折，经历了怎样的人生的、精神的危机，都能从容应对，坚守住基本的精神防线，始终保持积极向上的精神态势，不至于在精神上被压垮。

这两段论述，一方面提醒我们要引导学生体认中华民族的优秀文化，从传递人文精神的角度出发，表达真善美的主题；另一方面也提醒我们要引导学生以纯洁的文风表达高尚的情操，以个性化的语言表达个性的自我，让学生的认识和作文同步成长。

“营造心境”“积累生活”“学会思辨”“陶冶性情”“展开联想”“文道统一”，这六个主题构成了作文训练的六个环节，它们既相互独立，又相互关联，同时也互为补充。在作文教学过程中，这六个主题之间是层层递进、螺旋上升的关系。六个主题共同凸显一个中心，服务于一个中心，这就是——作文与做人的和谐统一。

# 为“读写结合”寻找一个恰当的契合点

## ——初中语文“读写结合”实践探索

**引言：**如果说作文教学是在烹制一顿美味大餐，那“读写结合”就是大餐前的超市采购。只有把大餐使用的所有食材都采购回来，才能动手制作大餐。但是，“读写结合”没有系统的教材引导，要么是一时兴起“写”几句，要么是“狗尾续貂”式的“外加一勺”，始终无法有序地坚持下去。如果能够为“读写结合”寻找一个恰当的契合点并形成完整的训练体系，作文教学的美味大餐何愁不成呢？

作文教学一直以独立的课堂形式在语文教学中占有举足轻重的地位，而语文教材因为缺乏一套系统的作文教学体系也备受争议，这种现象从一个层面反映出语文老师对学生写作现状的担忧与对教材的依赖。

“读写结合”最早起步于小学语文的教学改革，是借助阅读教学中的某个角度延伸出来的一个“写”的训练，以提高学生的写作水平。随着时间的推移和教学改革的推进，“读写结合”不再是小学语文教学的专利，它已经成为语文学习和阅读课堂“练笔”的重要方式。

“读写结合”在初中语文阅读课堂上的表现形式有多种：有的是仿写，即选一段有特点的文字，另拟一个主题，仿照这段文字的结构特点，再写一段文字；有的是扩写，即选一段话或一个角度，发挥自己的想象进行扩写；有的是续写，即根据原有的结尾，发挥自己想象，续写后面的故事；还有的是借助一段或一篇文字写写读后感。这些方式都是从阅读课里延伸出来的训练点，都是在课堂上完成的。因此，“读写结合”是片段练习，也是即兴写作，这对作文教学有着很好的积累作用。

但是，因为“读写结合”没有系统的教材引导，很多时候是老师根据课文的内容特点随意选择角度。这种训练方式单从一节课上看，有其独到的训练价值，但是从一个学期，乃至一个学段看，又是很无序和无果的行为。因此，“读写结合”的教学形式很难长久地坚持下去。

为了让“读写结合”这个作文的基础训练真正扎根在语文阅读的课堂上，我们在长期的语文教学分析和对阅读课堂“读写结合”的案例分析中，研究出一个基本训练体系，作为老师“读写训练”的教学抓手，即读文有思、类文可鉴、下笔有法、练笔有度。这四个层次分别引导着学生的训练过程。这个过程，既要符合本学段学生的写作要求，又要和后面的课文错开角度，避免后面训练的主题重复。因此，根据课文内容提取训练点，确定训练主题最为关键。

读文有思是指从课文中提取那些能够作为“读写结合”训练点的内容，然后对这些内容进行语言分析和结构分析，并从中提取出契合本次训练主题的内容，加深学生对例文的认识。

类文可鉴是指选取和课文相关的一些文章，从中找出和本次训练主题相关的若干语段进行写作方面的技能分析，拓宽学生对例文的理解。

下笔有法是从写的角度给学生一些提醒，教给学生相关的写作方法，让学生在“读写结合”训练的时候有所遵守。

练笔有度是指围绕本次训练的主题，给学生提供几个训练角度，也叫训练题目。训练题目拟定的时候要遵循几个原则：一是要针对本次训练主题拟定训练题目；二是要依据课堂训练的有效时间拟定训练题目，避免大作文的形式出现；三是要根据训练目的提出具体的训练要求。

下面就以“部编本”七年级上册为例，选取两个“读写结合”的训练方案，和老师们商讨。

## 一、《春》的“读写结合”训练方案

七年级上册第一单元围绕“四季美景”进行选文，所选的文章都是大家名篇，不仅文字优美，而且力道厚重，这样的文章特别适合学生进行写景的语言训练。因此，在学习朱自清的《春》这篇课文后，根据课文的语言特点，我们确定了“读写结合”的训练主题为“细腻描绘，凸显景物特征”，后面的四个板块分别安排以下的内容。

（一）读文有思

抓住事物的显著特征进行细腻描绘，历来是作家们运用最广泛的一种写作方式。朱自清的《春》以其细腻的景物描写、生动形象的语言、多种修辞手法的运用被誉为“贮满诗意的春的赞歌”。

课文围绕一个“春”字，写了盼春、绘春、颂春三部分。文章的中心部分是绘春。作者先总体观察，再微观描绘，有次序地、精细地观察春天的各种景象，依次描绘了春草、春花、春风、春雨、迎春等五幅图画。尽管各幅图画观察的方法、描写的角度不一样，但每一幅图画都抓住了其各自的特点，融入了作者对春天、对生活、对未来的喜爱和赞美之情。如在对春草的描绘中，作者用了这样的语言：

> 小草偷偷地从土里钻出来，嫩嫩的，绿绿的。园子里，田野里，瞧去，一大片一大片满是的。坐着，躺着，打两个滚，踢几脚球，赛几趟跑，捉几回迷藏。风轻悄悄的，草软绵绵的。

这里，作者抓住了春草“小”“嫩”“绿”“满”“软”的特征，用“叠音”的方式、“拟人”的修辞和“偷偷”“钻”等词语将小草顽强的生命力传神地表现出来。

在对春雨的描绘中，作者用了这样的语言：

> 雨是最寻常的，一下就是三两天。可别恼。看，像牛毛，像花针，像细丝，密密地斜织着，人家屋顶上全笼着一层薄烟。树叶子却绿得发亮，小草也青得逼你的眼。

在这段文字中，作者不仅仅抓住了春雨“细”“密”的特点，而且抓住了春雨中的景物特征，即“人家屋顶上全笼着一层薄烟。树叶子却绿得发亮，小草也青得逼你的眼”，为我们描绘了一幅朦胧而又洁净的春雨图。

而静态的图景总是有点儿太安静了，缺乏一些生命的律动。于是，作者又抓住了人在春雨中的动态进行了生动的描绘：

> 傍晚时候，上灯了，一点点黄晕的光，烘托出一片安静而和平的夜。乡下去，小路上，石桥边，有撑起伞慢慢走着的人；还有地里工作的农夫，披着蓑，戴着笠的。他们的草屋，稀稀疏疏的，在雨里静默着。

时间、地点、情景、人物、动作、物件等在这里都有体现，“一点点黄晕的光”“小路上，石桥边”“撑起伞”“慢慢走”“披着蓑，戴着笠”等描写，都给这个雨中的图景增加了生动的立体影像感，让读者仿佛置身其间，沐浴其中。作者正是抓住了事物的个性特征，才能描绘出如此多彩多姿的风情画卷。

（二）类文可鉴

朱自清的《春》抓住事物的显著特征进行细腻描绘，很多经典的文学作品也是如此。在韩少华的《寻春篇》里，作者围绕“寻”这个动词，把“春”的踪迹细腻地描绘了出来：

> “燕草如碧丝”，走三五步难见一两芽，何况还有衰草杂陈呢。若是放眼望去，那些萌芽，就算是一个个微绿的质点吧，那么，这十里平川，尽收眼底，那质点，也该不可胜数了。无数个微绿的质点，横衍纵漫，就密了，草色也浓了——瞧那边，好一抹新绿。衰草的憔悴，被欣欣然的生机淹没了。

这里，作者用“寻”作为春的入口，既然是寻，就不是“满眼”“到处”，于是就有了“走三五步难见一两芽”的描述，而且还是“萌芽”“微绿”。但是，放眼望去，“十里平川”，当“无数个微绿的质点，横衍纵漫”时，就是“欣欣然的生机”了。这些语言的运用，细腻而又贴合着事物的特征，既是对初春的生动描写，也是对“寻”的一个准确回应。

在周凡凯《春天的声音》里，作者抓住了“春天的声音”这个特定的情景，写了一组声音交响曲：

> 这时，我听到了大湖的喘息。大湖在暮色中苏醒了！一切都在晦暗中变得朦胧，但我听到了大湖在努力地翻身，听到了它的血液激动地聚到了一起。这种复活的渴望就像阵痛一样来势迅猛，大湖汗水涔涔地颤抖着，后来，大湖恍如用尽了力气，一点点地安静了，重又睡去。

作者在对大湖的描写中，紧扣大湖的形状特点，抓住了大湖“苏醒”时独有的特点，以周围景色相衬，用声音、影像、色彩等表现此时此刻的事物特征，给读者以身临其境的感觉。

（三）下笔有法

用比喻、拟人的修辞手法仿写片段。

写主题情景片段的时候用上《春》里3—5个词语。

（四）练笔有度

春天，万物复苏。干枯的树枝上开始萌芽；小草悄悄地从土地里钻出来了；冬眠了许久的麦田开始泛绿；柳树芽的色彩让我们的心里充满了柔软……

请你以“复苏”为话题，选择一个角度，抓住春天的特征，写一段文字。要求：用上比喻和拟人的修辞手法；用上本课积累的3—5个词语。

春夏交集，万物苏醒，生命涌动，百花绽放。田野里的小花、清香扑鼻的槐花、国色天香的牡丹、色彩斑斓的月季……各自绽放着自己独有的生命色彩，演绎着春天的交响。

请你以“绽放”为话题，观察一个你最喜欢的事物，抓住主要特征，写一段文字，表现其“绽放”时的姿态。要求：使用两种修辞手法；用上本单元积累的 3—5 个词语。

## 二、《济南的冬天》的“读写结合”训练方案

在学习了老舍的《济南的冬天》这篇课文后，根据本文的语言特点，我们确定了“读写结合”的训练主题为“寓情于景，情景交融”，后面的四个板块分别安排以下的内容。

### （一）读文有思

情景交融，是指在所描写的景物之中融入作者主观感情的写作方法。运用这种方法写作文，能使情与景高度融合，所写的景融入感情色彩，所抒发的感情又寄托在景物之中，从而达到景中有情、情以景显、情景交融的艺术效果。

老舍的《济南的冬天》在寓情于景、情景交融的写法上，有三个主要特点。

一是直接抒情。如“这一圈小山在冬天特别可爱”“最妙的是下点儿小雪呀”“那些小山太秀气”等，都是直抒胸臆的句子。结尾一句“这就是冬天的济南”，看似平淡，却蕴含着“我爱济南的冬天，我爱冬天的济南”的无限情意。

二是创设意境，流露深情。如文中写道：“请闭上眼想：一个老城，有山有水，全在蓝天下很暖和安适地睡着，只等春风来把他们唤醒，这是不是个理想的境界?”一“睡”一“醒”，烘托出一种舒适温暖的优美意境，表达出作者赞美的真情。

三是虚实结合，展开想象，抒发热爱之情。如“树尖儿上顶着一髻儿白花，好像日本看护妇。山尖全白了，给蓝天镶上一道银边”等，不但写出了景物的特点，而且饱含作者的喜爱之情。

### （二）类文可鉴

情景交融的写法在很多文章中都各有自己的表现形式。老舍在他的另一篇文章《济南的秋天》里同样也运用了情景交融的写法，以此表达自己

对济南的喜爱之情：

> 在秋天，水和蓝天一样地清凉。天上微微有些白云，水上微微有些波皱。天水之间，全是清明，温暖的空气，带着一点桂花的香味。山影儿也更真了。秋山秋水虚幻地吻着。山儿不动，水儿微响。那中古的老城，带着这片秋色秋声，是济南，是诗。

这段文字，没有汹涌的情感渲染，也没有使用激情澎湃的词语。但是，字字句句都浸染了作者的无限情思。一个“全”字，把作者内心的喜爱一股脑儿地倾泻了出来。这种流露，在写景之后直接表达了自己的情感：“是济南，是诗。”这种毫不掩饰的表达，是作者情感按捺不住的宣泄，是直抒胸臆最好的方式。

再看汪曾祺的《冬天》，原本一篇平淡质朴、如话家常的散文，亦然在字里行间融入了深深的情愫：

> 天冷了，堂屋里上了槅子。槅子，是春暖时卸下来的，一直在厢屋里放着。现在，搬出来，刷洗干净了，换了新的粉连纸——雪白的纸。上了槅子，显得严紧，安适，好像生活中多了一层保护。家人闲坐，灯火可亲。

好一个“家人闲坐，灯火可亲”。段落中没有浓郁的抒情文字，却在字里行间透着暖暖的真情。情景交融正是这样时隐时现地完成了自己的使命。

如果说老舍和汪曾祺的文章是在看似不经意间表达着自己的情感，那罗兰在她的《秋颂》中则是直接把景和情演绎到了极致：

> 最动人的是秋林映着落日。那酡红如醉，衬托着天边加深的暮色。晚风带着清澈的凉意，随着暮色浸染，那是一种十分艳丽的凄楚

之美，让你想流几行感怀身世之泪，却又被那逐渐淡去的醉红所慑住，而情愿把奔放的情感凝结。

作者在这里用了很多直抒胸臆的语句，表达着自己对秋的独有情结。“想流几行感怀身世之泪”一句，正是作者触景生情的最好体现。情与景的融合正在完美地演绎着“凄楚之美”的动人之秋。

（三）下笔有法

一是直抒胸臆。在描写景物的同时用具有鲜明感情色彩的语句表达自己的看法，如“我爱济南的冬天，我爱冬天的济南”等语句。

二是借景抒情。在写景的时候，虽没有激昂的抒情语句，但可以通过所描写的景物深深触动读者。

（四）练笔有度

在经历了一个寒冷的冬天后，面对春天的景色，哪些东西触动了你的情怀呢？是一个地方，还是一片景致？是一排杨柳，还是满眼的鲜花？这些春天的景致拨动你感情之弦了吗？请选择对你触动最大的一种景致，用情景交融的写法写一段话。

你有自己最喜欢的一个地方吗？像老舍喜欢济南一样，像汪曾祺喜欢自己家乡的冬天一样，像郁达夫喜欢江南的冬景一样。如果有，写一段话，运用情景交融的写法，表达你自己的真实情感。

从整个初中语文阅读教学看，“读写结合”的训练体系建构是一个庞大的工程，也是一个很有意义和价值的工程。学生只有把片段练习做好了，作文练习才能有根基、有素材，在写大作文时才能下笔有序。同时，学生在“读写结合”的训练过程中，能和很多文学大家进行语言对话，从中感受到他们的语言风采和语言魅力。久而久之，学生就能够找到自己喜欢的表达方式，下笔就会更加稳健，行文也会更加流畅。

# 让民间文学这颗明珠在语文课堂上熠熠生辉

## ——民间文学类文本的教学思考

**引言：**当我们沉浸在《女娲造人》《精卫填海》《牛郎织女》《皇帝的新装》这些弥漫着民间文化气息的经典作品中时，我们获得的仅仅是故事的趣味和阅读的酣畅吗？如何认识民间文学的自身价值和教学价值？如何评价民间文学的文学影响力？如何让民间文学这颗明珠在教学中熠熠生辉，使学生获得最大收益？这些问题值得探讨。

民间文学是劳动人民的口头创作，它在人民群众中广泛流传，主要反映人民大众的生活和思想感情，并表现人民大众的审美观念和艺术情趣。从体裁上说，民间文学分为神话、史诗、民间传说、民间故事、民间歌谣、民间叙事诗、民间小戏、民间说唱、民间谚语和谜语等。

民间文学是深深植根于生活文化中的。它的社会功用也和专业的书面文学有所不同，它更加贴近生活。许多世代相传的古老神话和传说，不但传述了一定的历史知识，还表现了民族团结的感情。许多保卫乡土、保卫祖国的英雄传说，给予了广大人民以鼓舞的力量；许多描写受压迫、受虐待者的反抗故事、歌谣和小戏，都长期而广泛地教育着人民，培养了他们高尚的情操和品格。

民间文学在初中语文教材里占有一定的比例，课文的选编也是遵循着《语文课程标准》的要求，主要涉及神话、童话、寓言、民间故事等。《语文课程标准》中明确指出，选取此类文学作品的目的是让学生“认识中华文化的丰厚博大，汲取民族文化智慧”“尊重多元文化，吸收人类优秀文化的营养，提高文化品位”。

如何认识民间文学的自身价值和教学价值？如何评价民间文学的文学影响力？如何让民间文学这颗明珠在教学中熠熠生辉，使学生获得最大收益？这些问题值得探讨。

## 一、民间文学的教学价值与影响力

民间文学入选初中语文教材的依据是什么呢？我们如何认识初中语文教材中这几种文学样式呢？

神话故事是民间文学的一种，是远古时代人民的集体口头创作，是人们借助于幻想企图征服自然的表现。神话中，神的形象大多具有超人的力量，因此经常笼罩着一层神秘的色彩，如《女娲造人》《精卫填海》等。

“童话”一词在《辞海》中的基本解释是“儿童文学的一种。通过丰富的想象、幻想和夸张来塑造艺术形象，反映生活，增进儿童思想性格的成长”。童话的语言通俗生动，故事情节往往离奇曲折，引人入胜。童话往往采用拟人的修辞手法，赋予自然界的各种事物以生命和思想情感，使之人格化。因此，童话也是广大儿童喜欢阅读的文学类型，如教材选编的《皇帝的新装》《盲孩子和他的影子》等。

寓言作为文学作品的一种体裁，常带有讽刺或劝诫的性质，用假托的故事或拟人的修辞手法说明某个道理或教训，如《蚊子和狮子》《智子疑邻》《塞翁失马》等。

民间故事是从远古时代起就在人们当中口头流传的、以奇异的语言和象征的形式讲述人与人之间的种种关系、题材广泛而又充满幻想的叙事体故事，比较典型的如《牛郎织女》《白蛇传》《梁山伯与祝英台》等。

这些文学作品能够被教材选入，从《语文课程标准》来看，主要对应以下三个要求。

一是丰富文化内涵，尊重多样文化，提升学生的文化品位。教材的编写，正是从这个角度出发进行组材。从文学体裁看，吸纳了多元文化，有童话、神话、寓言，还有民间故事；从区域看，有中国的文学作品，也有外国的文学作品；从时代看，有古代的，也有现当代的。教材所选篇目，大多是经过了几千年的流传，大浪淘沙般淘出来的文学精品，既有经典性，也有时代感；既有名家名篇，也有大众喜闻乐见的文学作品。

二是激发想象力，培养阅读兴趣，提升学生的语文素养。《语文课程标准》中明确提出了“阅读浅近的童话、寓言、故事，向往美好的情境，关心自然和生命”“激发想象力”“感受阅读的乐趣”等要求。选编这些文章，就是为了体现这些要求。

从体裁看，这些文章对应了“阅读童话、寓言”“关心自然和生命”的要求。

从内容看，神话、童话、寓言对于学生“激发想象力”和“感受阅读的乐趣”有着很大的作用。首先，文章本身就是“想象”的载体，篇幅短小，故事曲折，给学生带来了浓厚的阅读兴趣和无限的遐想空间；其次，文章的主题、故事的情节、人物的经历等，都能让学生在阅读过程中“获得情感体验”；最后，这些文章的入选也为学生的知识积累提供了样本素材。

从编排顺序看，民间文学的相关文章大多安排在了七年级的教材里。这样安排的意义是：课文内容符合小学毕业生的认知水平，叙事性作品能很好地和小学阶段的学习衔接起来，能激发学生学习语文的兴趣，便于小学向初中的过渡。初中学段的语文教学步入了文学教学阶段，这和小学语文的基础教学有所不同。因此，进入中学后，学生需要在语文课堂上树立文学意识，奠定文学基础。之所以把这些课文放在七年级教材中，是因为这些文章不但语言通俗、故事情节引人入胜，而且能让学生在初中起始阶段就领略到古代文化的原始风貌，了解传统文化的历史渊源。

课文为学生打开一扇神奇的想象大门，以培养他们的想象能力和创新能力。一方面，人类童年时期的许多想象现在已经变成了现实，今天的许多想象正在勾画着明天的美好蓝图；另一方面，许多想象极大地丰富了人们的精神世界。刚刚步入七年级的学生正是想象力极其丰富的时候，要珍视他们的想象力，因为想象力是创造力的重要基础。

三是课文源于生活，表现生活，揭示了生活的真实。这类题材的文章原本就是对人们生活的反映与表现，有的反映诉求，有的反映愿望，有的表达热爱，有的表达讽刺和憎恶，有的表现幻想，有的表现战胜困难的勇气和力量。这类文章生活气息浓郁，表达情感的方式直接，通俗易懂，没有阅读障碍，能够引发人们对生活的思考，也能从不同角度拓宽人们对生活的认识和理解。

如《智子疑邻》，这篇文章通过一个故事告诉我们一个道理：对待别人的劝告或意见，不能因与其关系的亲疏远近而异。同时也告诫人们：如果不尊重事实，只用亲疏和感情作为判断是非的标准，就会主观臆测，得出错误的结论，还可能害了自己。这个故事也提醒我们：给别人提意见要选择恰当的方式，以便让别人欣然接受。

如《牛郎织女》，这是个家喻户晓、深受大众喜爱的民间爱情故事，其流传的原因是这个故事表达了人们对爱情和美好生活的向往，对统治势力的反抗。故事在赞美勤劳、善良、勇敢品质的同时，也揭示了“勤劳、善良的人，最终都能过上美好生活”的道理。

这类文章，表达的是人们对生活的祈愿，对未来的向往，对劳动人民的歌颂。编选这类文章就是想让故事揭示的道理对学生的成长产生积极的影响。

童话《皇帝的新装》作为语文传统篇目被各种版本的教材选用，这不仅因为它是“童话”题材，还有一个原因就是它从不同角度揭示了社会现象，抨击了社会现实。文章在揭示骗子巧舌如簧、贪婪本质的同时，也深刻地揭露了皇帝奢侈昏庸、大小官吏虚伪愚蠢及看客人云亦云的丑态，赞美了无私无畏、天真烂漫的童心。阅读、学习这样的文章，可以给学生一个清晰的感觉：我们憎恶骗子的贪婪，我们厌恶大臣的虚伪，我们鄙视皇帝的昏庸，我们要做一个文中的“孩子”那样具有“纯真”品质的人。这样的教学不是一般的说教，而是让学生在阅读中自己去分辨、去体会、去选择，这样的阅读效果才能形成一种真正的阅读力量和阅读影响，从而对学生一生的成长产生积极的影响。

《蚊子和狮子》选自《伊索寓言》，这篇文章的价值有两点：一是通过读课文，学生可以了解《伊索寓言》，从而引发对这本书的关注及兴趣；二是学生可以明白一个道理，即做事要不骄不躁，永远保持清醒头脑。编选此文，不仅体现了编者对《语文课程标准》中阅读目标的落实，即“多读书、好读书、读好书、读整本的书”，也对学生的成长产生了一定的影响。

## 二、民间文学的教学思考与教学设计

面对博大精深的民间文学，面对一篇课文，老师们常常不知如何下手、如何提取核心知识，常常在取舍之间徘徊。但是，教学时间是有限的，在固定教学时间内如何把握课文中的核心知识，如何依据《语文课程标准》制定教学目标，如何针对核心知识和学情进行合理、有效的教学设计，这是需要我们谨慎思考的。下面，仅从常规教学的几个角度做简要分析。

### （一）合理定位教学目标

在明确了《语文课程标准》的基本要求后，面对一篇课文，首先要从教学目标上进行合理定位。“合理”就是不能随意而为，就是要有所遵循。从《语文课程标准》看，语文阅读教学主要从三个方向框定目标，即知识与能力，过程与方法，情感、态度与价值观。在教学中，我们也习惯按着“三维目标”框定教学目标。但三维目标只是一个课程目标，不能将其简单视为教学目标的直接分类。如果都按照“三维目标”写教案，就未免过于机械化了。基于此，我们可以把“三维目标”按照语文学科的特点进行归类分解：“基础知识”作为一类，设为一个目标；“文章内容”作为一类，设为一个目标；“情感体验”作为一类，设为一个目标。这种分类也就是我们常说的阅读教学要完成的三个积累：语文知识的积累、文学样式的积累和文学情感的积累。

从阅读教学上看，语文知识的积累应该是最基础的，也应该是被大家重视的一个目标。但在这个目标制定的时候，往往有这样一种现象：老师直接在教学目标上写“识记本课生字词”。这样制定目标，其实是给自己挖了个坑，看似简单了，其实更复杂了。本课的生字词有哪些？哪些是学生们小学已经学过的？哪些是没有学过的？学过的也未必都会，还需要有唤醒并巩固的过程。还有，哪些词语是学生知道意思但是不会使用的？哪些词语是学生连意思也不知道的？如果老师对这些学情尚不清楚，仅仅用一句“识记本课生字词”带过，势必给后面的教学留下隐患：要么“夹生”而过，要么延误课时。前者会因为学生的识字量不够，影响到学生的方方面面，比如失去阅读兴趣，作文中错字连篇、词语匮乏，中考时基础知识失分等；后者带来的影响就是延误课程进度。

因此，老师在制定教学目标时，首先要了解学生对知识的掌握情况。了解了学生对知识掌握的情况后，再把具体的生字词罗列到教学目标中。这样设置教学目标，老师自己清楚，学生也很明白。

神话、童话、寓言、民间故事，体裁不同，形式各异，同时还有古今之分、中外之分、文言文与白话文之分。从文学样式这个角度制定教学目标，教学内容就能聚拢，作品的文学价值也不会丢失。

如在分析《皇帝的新装》这篇文章时，“童话”的相关知识也是教学中的内容之一。老师应该给学生解读一些关于童话的知识并由此引出更多的童话作品，让学生产生阅读童话的意愿和冲动。

曾经看到过这样一个案例，授课人给《皇帝的新装》拟定的教学目标是：

> 了解童话常识，理解童话特点，培养学生阅读童话的兴趣，多元解读童话主题。

这位老师准确理解了编者的意图，没有把这篇文章当成一般的记叙文或一个故事讲，而是抓住了文本的自身价值和特征。其实，民间文学类的每一篇文章，都有各自的文学样式、体裁特征和文学价值，教学时要注意提取这些核心要素作为教学目标，让各种体裁的文学作品走进课堂，让学生体会到多种文学样式之美，感受到文学的丰厚和魅力。

在聚焦文学情感的教学环节时，很多老师的教学目标习惯这样表述：体悟作者情感，培养健康人格。这种表述方式是笼统的、不足取的。一篇文章所表达的情感是丰富的，我们要从中提取最核心的情感作为我们的教学目标。围绕这种情感，也许还有很多复杂情感，但核心情感必须是明确的。因此，教师在制定教学目标时一定要对这种最核心的情感加以明确。

如《盲孩子和他的影子》这篇文章，从不同的角度看，有不同的情感主题。从盲孩子的角度是热爱生活，追求光明；从影子的角度是送人玫瑰，手有余香；从萤火虫的角度是集体的力量是无穷的。此外，这篇文章还有一个主题情感：只要人人都献出一点爱，世界将变成美好的人间。

因此，合理定位教学目标，是教学设计和教学过程的前提。教学目标制定得准确、明晰，教学设计就能聚焦文本的核心知识，教学过程就能流畅地进行，教学任务就能顺利完成。

**（二）准确定位教学重点、难点**

对民间文学的教学重点、难点的把握，要考虑到这种文学形式独有的特点和文学价值。如《中国古代神话三则》，有位老师给这篇课文定了如下教学目标：

1. 掌握本课文言词语的意思。
2. 把握人物形象，体会思想感情。
3. 学习女娲、夸父、精卫等所表现出来的精神。

针对这个目标，我们进行了充分的交流，达成一致意见后修改如下：

教学目标

1. 积累生字词：如“女娲”“鸷鸟”“狡虫”“溺”“衔”“堙”。流畅诵读课文，学会概括并复述故事内容。

2. 了解神话知识，把握神话故事中的人物形象特点，培养学生的想象力。

3. 了解中国古代文化的原始风貌和渊源，体味其思想内涵及现实意义。

教学重点

流畅诵读课文，概括并复述故事内容，培养学生的想象力。

教学难点

了解中国古代文化的原始风貌和渊源，体味其思想内涵及现实意义。

第一个教学目标是完成基础知识的积累，“学会概括并复述故事内容”是课后的一个练习题。第二个教学目标是关于文体知识和文章内容的。第三个教学目标是让学生从课内延伸到课外，从而了解更多的文学作品和传统文化，理解其现实意义及文学情感。

由此案例可见，教学重点和难点也是教学目标的组成部分，教学目标里应含有教学重点和难点。教学的重点应参考课后的思考和练习设定相关内容；难点则是根据学生的学情而定，是在学生已有知识基础上所进行的学习活动及由此生成的新知识，也包括语文素养的成分。

### （三）聚焦文本的核心知识

民间文学的文本各有特点，且长短不一，有的文章只有几十字，如《夸父逐日》《智子疑邻》；有的文章长达数页，如《盲孩子和他的影子》《金鸟》。对这些文章进行核心知识的梳理和提取并在限定的课时内完成教学任务是老师备课时应关注的。

第一，从文本中梳理出基础知识。以《盲孩子和他的影子》为例，这篇文章中有一些生字词需要学生会认、会写，如“嬉戏”“哞哞”“潺潺”“眨巴”“红润”“孪生”“情不自禁”“踉踉跄跄”“汩汩”“流淌”“泥泞”“蔷薇”等；其中一些词语还需要学生学会使用，如“踉踉跄跄”“情不自禁”“汩汩”“流淌”等；还有几组多音字需要学生认识并学会运用，如“兴”“禁”“模”“露”等；有几组形近字需要学生认真辨析并牢牢掌握，如“萤”与“莹”、“笼”与“茏”、“蜜”与“密”、“孪”与“峦”等。此外，这是一篇中国的童话，作者金波是一位知名作家，这些都可以作为文学常识进行介绍。如果学生是初次接触童话，童话知识也需要详细介绍。以上这些都是属于要积累的知识。

第二，围绕文章线索梳理出核心知识。线索，是一篇文章的筋骨。没有了筋骨，文章就会显得松散。阅读一篇文章首先要找到文章的线索，再沿着这条线索去分析，人物事件、情节脉络和段落层次就会一目了然。有的文章故事性很强，也可以用概括故事情节的方式进行梳理。如《盲孩子和他的影子》，可以设置这样的问题：请大家速读课文，注意抓住关键词句，读完后简要概括故事情节。再如《女娲造人》，可以设置这样的问题：这篇神话由哪些故事情节构成？也可以设计为：请大家速读课文后复述故事，注意抓住故事的主要情节。

一篇文章的脉络很多，备课时要沿着文章的主脉探寻，不能面面俱到。仍以《盲孩子和他的影子》为例，有一位老师设置了这样一组问题：

> 这篇童话写了哪几个人物？他们之间发生了哪些故事？在一个个故事的发展中，盲孩子的心理发生了怎样的变化？你从故事中发现这些人物身上具有怎样的品质？

这组问题的涉及面广，探寻点多，有外在的故事情节，也有内在的心理分析。同时，这样的问题也能引发学生的激烈交流和讨论，既活跃课堂气氛，又不会丢失文章的核心内容。

抓住文章体裁的特点设置问题，也是提取核心知识的一个方式，以《皇帝的新装》为例：

> 安徒生曾经说过这样一句话："最奇异的童话是从真实的生活里产生出来的。"《皇帝的新装》这个童话的题材来自西班牙作家所提供的民间故事，经改写后，更符合丹麦的生活实际。骗子怎样诓人，皇帝怎样上当，群臣又怎样瞒骗，写得合情合理。我们在这篇童话里看

到的皇帝、官吏，其实也是当年丹麦封建统治者的真实写照。安徒生把自己不敢说的话，隐藏在夸张、诙谐的故事里，引起读者深思。

夸张中包含着合理性，是《皇帝的新装》的情节特点，也是安徒生童话的情节特点。这篇童话，对你触动最大的一点是什么呢？

第三，从情感资源上进行梳理。“三维目标”之一是“情感、态度与价值观”目标，在聚焦情感资源的时候，要注意两点：一是要理解作者的创作动机，理解作者在文中表达的真实情感。任何多角度的解读，都不能游离于作者的情感态度之外。二是要关注文章中的情感对学生情感的影响。

如《皇帝的新装》，作者在文中既展示了封建统治的社会现状，同时又表达了自己的情感倾向。讽刺昏庸、批判贪婪、鞭挞丑陋、赞美纯真，各种情感鲜明而又直接。备课时，要把这些感情作为教学中的核心价值设计到教学活动中。

初一的学生对社会现状未必有太多关注，对人物反倒会倍感兴趣。因此，我们在教学中可以避开对社会现状的过多解读，引导学生从细节入手分析人物性格、体会作者情感，进而与作者产生情感共鸣。

根据文章重点段落和细节，设计有较高思考价值的问题，也是体现《语文课程标准》中“培养学生具有感受、理解、欣赏和评价的能力”的要求。

在该类文本的教学中，要联系初中学生的情感和生活，设计一些开放性的思考题目，以体现《语文课程标准》提出的“要珍视学生独特的感受、体验和理解”等要求，从而引导学生的情感、态度与价值观的走向和定位。

## 三、民间文学的教学过程与教学效果

民间文学类的课文，看似是简单的文学故事，但在教学中却不能将其简单地按一般故事处理。备课时要根据学生的认知能力进行教学设计，要关注到学生的认知基础。

（一）关注学生的知识储备，设计好课前预习

课前的“学习准备”要关注学生已有的知识储备，如让学生预习生字词、了解作者信息，引导学生熟读课文。与此同时，也应提出对课文内容进行梳理的问题，如这篇文章主要讲了一个什么故事、文章中写了哪些人和事等，引导学生在初读课文时就对课文内容有一个基本的了解。

（二）看学生的理解能力，设置好过程思考题

学生在阅读民间文学类课文时，虽不会有太多的阅读障碍，但其丰厚的内容和深刻的意义是学生无法从自读状态中直接获取的。因此，在教学过程中，老师常常会设置一些问题，引导学生从浅显的文字中领悟深刻的人生哲理。需要注意的是，在设置问题的时候，不能单一地因问而问，要给学生提供具有思维含量的问题引导学生思考。

如有位老师在讲《皇帝的新装》时，针对“大臣去看骗子织布”的教学内容，设计了这样一段对话：

师：善良的老大臣来到了骗子的屋子，他们看到了什么呢？

生：看到织布机是空的。

师：大臣这时心里是怎么想的呢？

生：我怎么什么也没看到？难道我也是愚蠢的人？

师：大臣做出了一个怎样的决定呢？

生：不能让别人知道我是愚蠢的人，于是就听任骗子胡说八道了。

这几句对话中，老师一直在发文。第一问是“看到了什么”，这样的问题显然没有思考价值，接下来的两个问题也是如此。另一位老师换了一种方式提问：

皇帝不放心，前后派了两拨人去检查骗子的工作情况，第一拨是

善良的老大臣，第二拨是诚实的官员。当他们看到实际情况的时候，心里有着怎样的活动过程？是什么原因让他们最终不说实话受制于骗子了呢？“善良的老大臣”和“诚实的官员”统统被骗子拿下，这又说明了一个什么社会现象呢？

请大家自由朗读课文，思考交流，也可以讨论。

相同的教学内容，不同的教学方式，比较这两个教学环节，其效果一目了然。第二个教学环节的问题设计更利于学生集中讨论和交流，让学生对问题的思考更为系统和深刻。老师通过一题三问，让学生在思考过程中明晰了人物的心理活动，揭示了当时的社会现实。同时，学生通过对大臣们心理活动的分析，会对这些人产生厌恶之感，这是一种挥之不去的情感生成。因此，这个过程也是学生学习效果与学习能力的生成过程。

（三）看文本的内涵价值，设计好引申思考题

流传在民间的文学作品很多，为什么单单这些文章能够流传下来而经久不衰呢？为什么被编者看中而选入教材呢？这些问题都要在教学过程中有所触摸。有位老师在讲《盲孩子和他的影子》一课时设计了这样两个问题：

1. 文章用诗化般的语言为我们营造了一种纯真、友好的氛围，以及具有诗情画意的境界。而这样的语言背后也饱含着作者深邃的思想。那么，金波想用他的童话告诉我们什么呢？

2. 盲孩子重见光明，影子获得生命，这些在现实中是不可能的，这是作者的想象。想象是童话的生命，作者用这样的想象，是想告诉我们什么呢？

显然，这两个问题设计都是围绕“揭示作者的创作意图”进行的，既有对文本核心价值的聚焦思考，也有对经典文学作品的价值提醒。

在民间文学教学过程中，老师要给学生创设一个想象空间，让学生在

这个空间里认识民间文学的价值。为此，在问题设计上，要着力体现这一点。教材的课后思考题里有很明确的问题，如在多个版本时期，“人教版”和“河大版”在课文后面设置了这样的思考：

1. 这篇课文是根据《风俗通》里的两则短文改编的，下面是这两则短文的译文。看看课文丰富了哪些内容？哪里最见出作者的想象力？（人教版《女娲造人》）

2. 游行大典结束，皇帝回宫后会发生什么事情？请你与同学讨论。（河大版《皇帝的新装》）

这两个问题都是围绕“想象空间”设置的。老师在教学过程中，应理解编者的设计意图，给学生提供足够大的思考空间，让学生在这个空间里，放飞思想、丰富想象、提升自己的想象力。

民间文学是一种综合性的艺术，也是一种重要的文化事象。它不但有自己的思想内容和艺术形式，也有独特的表演过程和传播方式。它无疑是民族文学或文化的重要组成部分，也应是我们语文教学中重要的教学资源。只有正确认识民间文学的自身价值和教学价值，正确解读民间文学的文学影响力，才能让学生在教学活动中获得最大的收益，让民间文学这颗珍珠在语文课堂上熠熠生辉。

# 踏寻民族文化的历史踪迹

## ——山水文学类文本的教学思考

**引言：**初中文言文里有一批纵情山水的文章，作家们以山水为审美对象，把细腻的笔触投向静谧的山林、奔涌的江河、一望无际的原野……或写景，或状物，或抒情。这其中蕴含的作者感情，有悲悯，有愁苦，有狂放，有豁达……可以说，每一个作者生命的底色，都点染出他笔下青山绿水的独特光芒。

自古以来，人们给予了山水莫大的热情与关怀，许多文人墨客寄情山水，挥毫泼墨，留下了不朽的历史篇章。我国是一个具有悠久历史的文明古国，在这漫长的历史发展进程中，有许多文学珍品传诵至今。这些珍品是经过几千年大浪淘沙淘出来的“金子”，一个成语、一个故事、一个典故，折射出的是中国文化的经典，引发的是今人对历史的沉思。

初中教材选编了一大批这样的文章作为传递历史文化、传播古仁人情怀的载体，旨在让学生们在人生记忆的最佳时期，多吟诵一些这样的经典，多积淀一些对历史的思考，让古代先哲们的思想在学生们个性形成的最佳时期走进他们的生活，浸润他们的灵魂。这既是人类发展的需要，也是锻造生命质量的需要。

纵观初中语文教材中的山水类课文，历数一篇篇经典之作，可谓是字字如珍珠，行行似锦线，无论是内容还是文风，都堪称一道道美味无比的营养大餐。这里有山、有水，有情、有意，有无奈的呼号、有奋起的呐喊。可以说，一个作者生命的底色点染出他笔下青山绿水的光芒。

在这一类的作品中，作者把目光聚集到了绿水青山上，或真实描摹，或细腻勾画，或浓墨泼洒。这些大自然中的青山绿水在作者的笔下，闪烁着奇异的光芒。无论是郦道元的《三峡》、吴均的《与朱元思书》，还是柳宗元的《小石潭记》，都堪称写景的珍品。

郦道元原本想为《水经》中的《江水》补一条注释，于是在他踏遍山山水水的足迹中，就有了长江三峡雄奇险峻、清幽秀丽的四季美景。写山，“两岸连山，略无阙处”“重岩叠嶂，隐天蔽日”；写水，“素湍绿潭，回清倒影”。无论是“春冬之时”的“清荣峻茂”，还是“晴初霜旦”时的“林寒涧肃”，郦道元都真实地表达着对三峡山水的认识。《三峡》中的山水文字虽没有浓墨重彩的大肆渲染，却也自然真切，令人回味悠长。

在永州的十年，原本是柳宗元最伤感的一段岁月。虽有“凄神寒骨，悄怆幽邃”的心境，却也能写出“潭中鱼可百许头，皆若空游无所依，日光下澈，影布石上。佁然不动，俶尔远逝，往来翕忽”的美妙景致，给后世留下了不朽的“永州八记”。永州山水成全了柳宗元，而他的不朽文字也被历朝历代无数的文人骚客咀嚼了一遍又一遍。

相对于柳宗元笔下的“清幽”和“冷峻”，政治家范仲淹笔下的《岳阳楼记》则显得酣畅淋漓、大气磅礴。他以“不以物喜，不以己悲”的胸襟，诠释了“先天下之忧而忧，后天下之乐而乐”的家国情怀。在范仲淹浓郁的笔墨中，既有民族的魂魄，气贯山河；又有使命的担当，顶天立地。于是，他笔下的山河就多了一些辽阔，多了一些旷远。

这些课文都是大家作品，每一篇都堪称文学经典，既有简洁的语言勾勒，又有精细的工笔描绘。如柳宗元的《小石潭记》：

> 从小丘西行百二十步，隔篁竹，闻水声，如鸣珮环，心乐之。伐竹取道，下见小潭，水尤清冽。全石以为底，近岸，卷石底以出，为坻，为屿，为嵁，为岩。青树翠蔓，蒙络摇缀，参差披拂。

作者未见潭水，先闻水声。见到小潭后，先用“水尤清冽”四字概括全貌，接下来写实、写虚，写近、写远，写动、写静，真可谓穷形尽相、生动逼真。

这些山水散文之所以成为经典，是因为作者在描写景物的同时，将自己的内心感情寄托在所写景物之上，即王国维所说的“以我观物，故物皆着我之色彩”。在一篇篇凝聚着喜怒哀乐、悲苦愁离的文章中，我们不仅仅感受到了作者笔下的自然山水，更是读到了一个个情感浓郁、挥毫泼墨的鲜活灵魂。

吴均在《与朱元思书》中表达了对大自然的热爱，袁宏道在《满井游记》中表现了渴望回归自然的感情，这些情感的抒发均传达出了作者淡泊名利、回归田园的精神追求。

不同时代，不同作者，不同情怀，渲染着迥异的山山水水。正因为这些描摹山水的文字承载着作者的“览物之情”，这些山水之作才具有如此强大的生命力。这些文章散落在学生们初中学习的各个阶段里，滋养了他们的身心，润泽了他们的品格，拓宽了他们视野，启迪了他们的智慧，可以说是一道道令人回味悠长的营养大餐。

那么，如何把这些大餐通过语文课堂这个环节输送给学生呢？有以下几种方式可以借鉴。

## 一、梳理核心知识，定位教学目标

山水类文学作品作为文言文安排在中学课程里，自有它独特的核心价值。《语文课程标准》在文言文阅读方面有几个基本要求，可以梳理出以下三个教学方向。

### （一）文言知识的积累

初中学生在学习文言文的过程中，文字是影响其文言文学习的主要障碍。读不懂，就文不通；文不通，则意不达。因此，学习文言文，首先需要疏通文字障碍，建立“读懂”的阅读平台。读懂了，才能通晓其意。

文言文中的实词、虚词、句式、文学常识等知识的积累，是学习文言文的重要内容，也是“读懂”文言文的前提条件。识别文言实词、虚词，理解文言句式，可以破除阅读文言文时的陌生感和畏惧感，提高阅读能力和阅读效果，这是读懂文言文的要件之一。

因此，学习文言文，读懂是关键。那么，怎样才能读懂呢？

一是要分辨出句子的停顿之处，也就是常说的“断句”，只有读出“句读”，才能通晓句意。二是要结合注释理解一些词语，包括实词和虚词。陌生的实词和虚词在注释里会有标注，阅读时要把注释里的内容还原到课文中，从而更好地理解课文。三是注意古今词义的变化，注意对特殊句式的辨析。

由此看来，文言知识的积累是读懂文言文的关键。在积累过程中，要注意前后课文的相关词语的串联理解，要注意区分同一个词语在不同句子、不同文章里的用法。

在积累过程中，虚词的积累尤为重要。虚词看似没有实际意义，但是在理解句子意思的时候却起着关键作用。虚词的积累可以用表格完成，可以建立一个虚词表，把“词语、所在课文、所在句子、意义和作用”等项目罗列其间。三年下来，虚词表中的积累越来越多，使人一目了然，既有利于记忆，也有利于多篇课文的对比理解。在初中的总复习中，这个表格将起到“一览全局”的作用。

（二）表达形式的认知

山水文学是我国众多文学样式中的一种。不同时期、不同作家、不同风格的文章，有其不同的表达方式和表达效果。认识并了解这些文学形式，可以给学生提供更多可借鉴、可吸纳的文学资源。

山水文学的表达形式有很多种，其特点也各自不同。精练的语言、精确的用词、和谐的韵律，是山水类文言文的特点之一。

如吴均《与朱元思书》中的“泉水激石，泠泠作响；好鸟相鸣，嘤嘤成韵”和“蝉则千转不穷，猿则百叫无绝”，句式整齐，音韵和谐，对比立意，相映成趣。

再如范仲淹《岳阳楼记》中的“朝晖夕阴”“迁客骚人”“樯倾楫摧”“虎啸猿啼”“去国怀乡”“忧谗畏讥”“春和景明”“岸芷汀兰”“心旷神怡”等，从语法的角度看，每个短语都由并列的两个部分构成，不仅在视觉上显得词形美观，读起来也音节响亮、急促有力。“居庙堂之高则忧其民，处江湖之远则忧其君”“进亦忧，退亦忧”“先天下之忧而忧，后天下之乐而乐”等句，词工句丽，音韵铿锵，既有短句的节奏，又有长句的气势。

山水文学蕴含着丰富的历史文化，体现出人类文明的演进过程。教学中，要引导学生认真领悟山水文学精练的语言特点，让他们在品味语言的过程中体悟到中华民族文化和语言的博大精深。

（三）文学情怀的感悟

自古以来，人们普遍认为“山水有道”“天地有大美而不言”。因此，很多文人墨客非常重视与山水自然的精神交往，以达到人与自然生命的和谐。

一篇篇色彩斑斓的山水文学作品，蕴含着作者丰富的情感和凝重的情怀。作者的喜怒哀乐、悲欢离愁，镶嵌在描摹山水的文字中，游走于奇峰异景的步履里。阅读这些文章并体悟作者情感，可以更多地受到情感熏陶，获得思想启迪，享受审美乐趣。

《岳阳楼记》中，迁客骚人们面对“淫雨霏霏，连月不开”的悲景，会抒发“去国怀乡，忧谗畏讥”的悲凉之感；面对“春和景明，波澜不惊”的美景则会表达“心旷神怡，宠辱偕忘”的喜悦之情。袁宏道在《满井游记》的字里行间，抒写着最自然、最潇洒的审美情怀，充满了疏放不羁的精神。

理解作者的内心情感，才能准确理解他们的文学情怀。理解才能吸纳，才能古为今用。虽然生活的社会不同、背景不同，但作者的情怀与担当可以通过阅读、理解慢慢地浸润到学生的生命里，并对他们的品格形成产生积极的影响。

文言文是先哲们留给后世的经典文化，是可以代代相传的珍品。选入教材的作品更是对学生成长有着不可估量的价值和作用。而这些价值和作用都是借助作品的情感资源和作者的文学情怀传递给读者的。因此，教学中要引导学生认真体悟、细细品味，并把这种情怀潜移默化地融入学生的情感中。

## 二、合理设计问题，构建思维平台

作为教材文本，山水类文言文在教学中的地位是重要的。无论是教学内容的研读还是教学时间的分配，所有的老师都表现出了浓厚的兴趣。但是，过度关注往往会带来无法释怀的纠结。受“应试”的影响、样卷的困扰、题型的限制等众多因素的干扰，语文课堂无法让这些经典文本和学生产生精神上的对接，更多的是把这些文本变成一篇篇考试的范本使用。如何打破这种僵局？如何让文本精华走进学生的心里，融化在学生的情感中？思维是最好的平台。

因此，我们在设计教学方案时，要根据文本的不同特点设计出具有思考价值的问题，让学生在问题的引领下，走进文本，触摸作者的内心世界。

好的问题设计可以提纲挈领，可以牵一发而动全身，可以直接切入文本的核心价值，可以触摸作者的内心情感。如在《三峡》中可以设计这样的问题：作者在描写三峡整体风貌时，从哪些方面描写了三峡的自然景观？表现了自然景观怎样的特点？

好的问题设计可以构建一个学习活动的平台，可以引导学生的思维活动向纵深发展。如在《小石潭记》中可以设计这样的问题：“情景交融”是这篇课文的核心价值，请结合具体词句分析本文是如何将“景”和“情”交融在一起的。

好的问题设计可以构建跨越时空的对话关系，学生可以在文字中寻觅古人的踪迹、先人的智慧、文人墨客的情怀和文字的曼妙。如在《岳阳楼记》中可以这样设计：文章借景抒怀，表情达意，请你结合文章的时代背景，抓住文中的具体语句，穿越时空，去探寻作者的内心世界，并说说作者最想表达的心境是什么。

好的问题设计可以形成分享的气氛，学生们在分享的过程中陶冶情操、浸润自我，从而达到共同提高、共同成长的目的。如在《醉翁亭记》

中可以这样设计：本文的情感线索是什么？“醉”与“乐”的关系是什么？请大家在小组中与同学分享自己的阅读体悟。

好的问题设计可以产生“联动式”的学习效果，在初问时体现生成的要义，在追问中体现生成的思索，在情感上体现生成的过程。如在《小石潭记》中可以进行一系列设计，也叫“问题链”设计：下面请大家跳读课文，结合作者的身世经历，说说你读出了作者哪几种情感。你从哪些景物描写的语言中读到了作者复杂的情愫？哪些词语更增强了这些情愫的表现力？如此纯净美好的小石潭，却是“竹树环合，寂寥无人”，这种无人问津、与世隔绝的冷遇，诉说着隐藏于作者内心深处怎样的心声？

## 三、吟诵经典语段，涵养儒雅文风

教学有法，教无定法。文言文教学的方式和效果一直为老师们所关注，大家在探寻过程中始终无法放弃和割舍的就是吟诵。

很多卓有成就的学者，在回忆自己的成长历程时都感慨得益于早年的启蒙教育，尤其是古诗文的诵读。坚定的人生信念以及扎实的语言功底和鉴赏能力，影响了他们的修身和治学，这就是所谓的“底子”。现在的人文教育常常提及的“一辈子”的概念，也许正是先人在有意或无意间落实了的教学原则。

鲁迅的《从百草园到三味书屋》给我们留下深刻印象的有这样几个场景：丰富的“百草园”、有趣的雪地铺鸟、风情万种的“读书先生”。其中，三味书屋的先生以其趣味无穷、优雅多姿的读书情态，给我们留下的印象尤为深刻。吟诵，不仅仅让小小的鲁迅对“严苛”的先生刮目相看，记忆深刻；也给阅读此文的学生留下了“好玩先生”的深刻印象。由此可见，吟诵的价值不单单在于形，更在于神，形神兼备的吟诵可以产生更为久远的记忆。

著名古汉语专家王力先生在谈及“诵读”和“背诵”在古诗文学习中的作用时说：“学习文言的最好的方法就是凭着天真与古人游，等到古人的话在你的脑子里能像你自己的方言一般地不召自至的时候，自然水到渠成。”“我们应该重视古人的经验。如果依照古人的办法，熟读古文二三百篇，篇篇都能成诵，感性认识丰富了，也可以养成古代汉语的习惯，从而获得阅读古书的能力。”由此可见吟诵的重要价值。

因吟诵演变而来的语句有许多。如成语“书声琅琅”，又如“好书不厌百回读，熟读深思子自知”，再如“书读百遍，其义自见”“读书破万卷，下笔如有神”等，都是可供我们学习借鉴的至理名言。

诵读还有一个最佳时期的问题。从少年儿童心理发展规律看，15 岁以前是儿童记忆的黄金时期，我们要抓住这个最佳时期，让学生记诵大量的优秀的语言文学精品，使他们受益终身。否则，“时过然后学，则勤苦而难成”。

诵读和背诵既是我国古代语文教育的成功经验，也是《语文课程标准》的要求。我们在文言文教学中，要摒弃烦琐分析、机械训练的教学模式，从以教师讲解为主转变为以学生诵读为主；把立足点从讲翻译、谈语法转移到指导学生诵读上来。要让诵读“堂而皇之”地走进语文课堂，主宰语文学习的过程，让琅琅的读书声充盈在每一位语文老师的课堂之上。

山水文化作为中国传统文化中重要的一部分，对后世产生了巨大的影响。山水文化不仅停留在对美好景色的向往中，还跳跃在美丽的文字里，更浸润在中华文化的血脉中，绵延于后世。

# 穿越时空隧道，与“诗圣”“诗王”对话

## ——古诗词教学中的点滴思考

**引言：**中华文化历史悠久，一代又一代的文人骚客挥毫泼墨，为我们留下了一首首或甜蜜、或忧伤、或低回、或昂扬的诗词。如果可以穿越时空隧道，与诗人进行面对面交流，我们便可以尽享具体、深刻的传统文化，在分明的四季轮回与泾渭难分的绵绵悲欢中，站得更高，望得更远。

古诗词在初中语文教材中占有很大的比例，仅需要背诵、默写且被纳入中考必考范围的就有40首。此外，还有40多首诗词在教材里以阅读篇目的形式提供给学生阅读。这些篇目涉及诗、词、曲及50多位作家，遍及不同的历史朝代。

诗歌本身所传达出的信息是丰富的：有著名的历史事件、有不同的风俗民情、有多彩的时代画卷、有饱满的人物形象。每一首诗歌都是一部厚重的历史卷轴，当我们徐徐打开这轴画卷时，历史文化蕴含其中，给予我们丰厚的文化滋养与文学熏陶。

然而，长久以来，初中语文的诗歌教学一直让老师们困惑。老师们面对丰富的文化资源，面对《语文课程标准》的教学要求，如何调节把控好“教什么”“怎么教”这两个基本节奏？如何让诗歌中的文化资源在课堂上最大化体现但又不逾越《语文课程标准》的界限？如何在课堂上让课程资源有效落地，扎根在学生的记忆里，与学生的情感产生有效融合，以涵养学生的文化情怀？这种种问题，让许多老师十分困惑，导致诗歌教学一直在迷茫中踽踽前行。

两年一届的河北省优质课比赛如约而至，邯郸市抽取到的两篇课文是

杜甫的《茅屋为秋风所破歌》和白居易的《卖炭翁》。面对两位唐代大诗人的典范之作，长期困扰老师们且令老师们无法回避的问题又摆在面前：如何建构教学框架？如何引导学生用心品读？如何穿越时空隧道，与“诗圣”“诗王”形成对话关系？如何让学生在读诗、品诗、赏诗的过程中，触摸与感受中华民族博大精深的诗词文化，了解一代又一代诗人的深邃思想和精神？这些问题需在这次备课中得到解决。

我和两位参赛老师及两所学校的语文老师们一起，经历了艰难的备课过程，形成了两套较为清晰的教学方案。两位参赛老师凭借自己的文学功底和教学能力，让教学设计在课堂上得到了很好的体现，获得了满意的教学效果，也获得了评委的一致认可，最终两位老师在赛课中双双夺冠。欣喜之余，细细梳理，对备课过程中的种种思绪有了更为清晰的认知，对中国的古诗词教学有了更多的牵念与感悟。下面以《茅屋为秋风所破歌》和《卖炭翁》的设计思路为依据，从几个角度梳理出古诗词教学的基本线索，整理一二和大家分享。

## 一、打通时空阻隔，合理切入文本

古诗词虽然有着丰富的文化资源，但对于师生来说，都面临着时空的阻隔。如何让远隔千年的古代大诗人和他的传世之作走进我们的课堂，走到师生中来？如何让这些心怀悲壮和苍凉的诗人与师生面对面交流、倾诉，让我们的师生聆听诗人的心声，了解他们的悲苦和喜悦，理解他们的情怀和抱负？两位老师做了很好的示范。

《茅屋为秋风所破歌》是杜甫寓居四川成都草堂时期写的一首歌行体古诗。该诗叙述了诗人的茅屋被秋风所破时的情景，表现了诗人当时所处的恶劣环境和诗人内心的诸多感慨。

杜甫是被誉为“诗圣”的伟大诗人，《茅屋为秋风所破歌》又是杜诗中的典范之作。这样一篇有着丰富文化资源的古典诗歌，用什么样的方式引入，才能让学生以饱满的热情接纳诗人和他的作品呢？参赛老师王欢在开课时的一段导入语，直接把学生拉到了杜甫面前：

李白和杜甫是唐代诗歌史上最为璀璨的两颗明星。如果说万事万物被李白嘹亮的歌声无限放大，那么杜甫的诗就是在压抑沉吟之后对社会现实的悄悄还原。今天让我们走进《茅屋为秋风所破歌》，去触摸杜甫那颗绝望中痛苦挣扎的心灵。

这段导入语看似简短，但信息量却很丰富。信息一，杜甫和李白同为唐代诗人且名气相当；信息二，两位诗人的风格不同，一位是“歌声嘹亮”，一位是“压抑沉吟”；信息三，《茅屋为秋风所破歌》的情感色彩是“痛苦”。这三个信息从诗人地位、创作风格、诗歌主题等方面给了学生明确的介绍，看似是简单的导入语，却字字有信息、句句有内容。

《卖炭翁》是唐代诗人白居易创作的《新乐府》组诗中的一篇。白居易是想借《卖炭翁》表达当时的社会状况，揭露统治者的罪行。这样一首有情节、有人物的古代叙事诗，用什么样的导入方式介绍给学生呢？陈士珍老师用了这样的导入语：

唐代诗人白居易素有“诗魔”“诗王”之称，他是唐代伟大的现实主义诗人。在其创作的众多诗歌中，叙事诗以其独特的艺术成就备受人们的青睐，影响深远。今天，我们将学习他的一篇经典叙事佳作《卖炭翁》，共同感受诗人笔下曲致的故事情节和经典的艺术形象。

这个导入语可谓用心良苦，和王欢的《茅屋为秋风所破歌》一样，都是从诗人、诗风、诗作引入的。虽没有对《卖炭翁》做主题推介，但从“曲致的故事情节和经典的艺术形象”一句，可以预知这节课的教学目标。

设计导入语时，还有一个小“插曲”。有的老师对“曲致的故事情节”产生了疑惑，认为这篇诗作文字精练，叙事明晰，情节简单，“曲致”的说法恐有不妥。

参与备课的几位老师围绕这个话题进行了充分讨论，也翻阅了大量资料。特别是对当时的社会背景和生活在最底层的人物命运做了一些分析，对作者的创作动机、创作情感以及创作祈愿做了一些推理。最后，大家一致认为：《卖炭翁》之所以成为古诗中的经典，是因为白居易在诗中塑造的卖炭翁形象深入人心。人物形象塑造得成功，不仅是因为人物的外貌、神态、心理活动等描写细腻，还得益于人物的生活经历和命运流转。在文学作品中，人物的命运是最为读者所牵挂的。有了对人物命运的牵挂，人物形象才会鲜活，才能成为经典形象广为流传。如果我们仅仅把这篇诗歌当作一个简单的故事来读，抓住几个描写动作的词语和描写外貌的语句去深挖人物形象的内核，很难让人物鲜活。离开情节的故事是没有悬念的，没有悬念的故事是不会精彩的，也就无法流传。

况且，课文本身的情节就很“曲致”：“伐薪烧炭南山中”一句，是故事的开端，也有情节的展现。砍柴的艰难、烧炭的不易、路途的遥远、过程的安危，这些都是诗歌文字所隐含的情节信息。“满面尘灰烟火色，两鬓苍苍十指黑”一句，看似是对卖炭翁的外貌描写，实则隐含着人物生活的艰辛和烧炭的艰难。这些外貌描写仅仅是呈现了一个结果——人物的生存状态。而这种状态的形成过程，则是情节中所不可缺少的内容。接下来的诗句更是给人物的命运增加了很多悲凉的色彩：艰难的工作仅仅是维系生计、养家糊口而已。人物的内心矛盾和集市的恶劣环境，都是情节中的情节。

“宫使”的出现更为这首叙事诗的情节增加了很多“曲致”的看点：宫使的凶暴、老翁的哀怜、场面的凶险等，都是情节中的高潮。而恰恰在这个高潮的峰顶上，诗歌戛然而止，给读者留下了足够大的想象空间，让所有的读者在对人物命运的牵念中展开想象，续写情节。可见，在简短的诗歌中，正是有了情节的时隐时现，才使得人物形象更为鲜明、更为丰满，也就更具有文学色彩，这也是卖炭翁的形象能够流传至今的主要原因。

认识统一了，不仅为后面的备课提供了更多资源，也让参与备课的老师对古诗词教学有了新的认识：对经典的文本，不能往“薄”处教，要往“厚”处教，要让文本在学生面前有厚重感，这是对作者、作品和文学的基本尊重。

至此，两个导入语就像两面大幕，徐徐拉开，让学生穿越时空隧道，和诗人及作品展开近距离对话并感受“诗圣”“诗王”的款款深情。

## 二、聚焦核心价值，设计教学流程

一篇古诗词的内涵很多，无论是文学艺术还是思想艺术，都是极为珍贵的资源。但是作为初中教材中的文本，《语文课程标准》对古诗词的教学定位在哪里呢？老师备课的时候如何梳理课文的核心知识，才能既保证教学资源不流失，又不存在过度解读教材呢？

首先，要尊重《语文课程标准》的教学要求，即“诵读古代诗词，阅读浅易文言文，能借助注释和工具书理解基本内容。注重积累、感悟和运用，提高自己的欣赏品位”。“积累”“感悟”“运用”“欣赏”，这几个关键词是古诗词的教学目标。同时，古诗词作为教材中的教学文本，还有一个“身份”——文学作品。因此，《语文课程标准》中对阅读教学的一些要求也同样适用于古诗词教学，如“了解常用的修辞方法，体会它们在课文中的表达效果。了解课文涉及的重要作家作品知识和文化常识”“体味和推敲重要词句在语言环境中的意义和作用”等。

从《语文课程标准》的这些要求看，古诗词的核心知识涉及几个方面的内容。

一是诵读。由诵读到背诵再到默写，这是古诗词教学中的首要目标。二是理解诗词内容。理解诗词基本内容，理解作者表达的观点、看法，有自己的感悟和认识。三是理解古诗词涉及的重要作家作品知识和文化知识。四是理解古诗词中的语言特点，如重要词句在语言环境中的意义和作用、修辞方法的使用和价值、典故的出处和意义等。五是理解作者的创作情感和创作背景，并以此为通道，向学生传递历史文化信息。

基于以上内容要求，两位参赛老师对课文知识进行了梳理。王欢老师在《茅屋为秋风所破歌》中，聚焦了下面的教学内容：

1. 结合注释理解诗歌的意思，培养学生的整体阅读感受。

2. 以画面的转换为抓手，梳理出诗歌的几个层次，培养学生梳理层次的能力。

3. 以词语为研磨对象，体悟其在画面中的作用，培养学生的想象力。

4. 用背景资料把历史拉到现实中来，借“呜呼”这一叹词，解读作者的内心情感，提高学生的语文修养。

5. 背诵全诗。

陈士珍老师在《卖炭翁》中聚焦了下面的教学内容：

1. 结合注释，积累重点字和词语。

2. 梳理文脉，感受曲致的故事情节。

3. 整理意脉，认识经典的艺术形象。

4. 咀嚼课文，体会诗歌的语言魅力。

5. 体悟情怀，感受经典的艺术价值。

6. 背诵全诗。

两位老师在确定了各自的教学内容后，以“五步对话”为基本教学流程设计了课程的教学环节。在备课中，预定的教学内容始终约束并提醒着老师的备课方向。

中国古典诗词的教学资源很充足，聚焦核心知识时一定要和《语文课程标准》的要求相贴合，不能任意扩大知识范围，也不能随意削减教学资源。要根据课文内容及教学时间确定教学流程，以保障教学任务的顺利完成。

## 三、抓住文本特点，设计教学思考

在古诗词教学中，由于学生和作者生活的时代不同，所以学生在理解诗歌内容上会有一定的困难。同时，诗歌有其独特的文学特点和文学价值，老师要把这些文学价值通过恰当的教学方式传递给学生，并通过学习过程让他们生成新的认知。两位老师通过抓住文本的特点设计教学思考，引导了学生对诗歌内容的解读。在《茅屋为秋风所破歌》中，王老师设计了这样几组问题：

**第一组问题**

1. 杜甫在诗中围绕“茅屋为秋风所破”的事为我们传递了哪些有价值的信息？

2. 你从老师的信息归类上发现了什么特点？如果按照这种归类方式，给这首长诗划分层次，你会怎么划分？请你参照信息分类，给这首诗分层。

**第二组问题**

1. 大家看看分层后的诗歌，每层是不是都有画面感呢？请大家再读诗歌，感受这四幅画面的内容。

2. 诗歌语言是很有力道的，每个词在诗中都能找到它的价值所在。请你以第一段为例，看看哪些词语扩张了这幅画卷的视觉效果，让这幅满是瑟瑟秋风的画流动了起来。

**第三组问题**

1. 诗歌的语言不仅仅鲜活了画面，也鲜活了人物。人物的内心情感在诗歌语言的支撑下，更为丰富，更为生动。请你找出能够让人物丰富、生动的词语，结合老师补充的资料，体悟作者此时的情感。

2. 从这些词语中我们发现一个现象：作者在四个场景中的情感是不同的，但是作者最后却把这不同的情绪聚集到了一个词语上，是哪个词语呢？对，是“呜呼”。请你再读诗歌，揣摩诗人在不同情境里发出的不同声音。（PPT给出提示）

面对自然风雨，杜甫……（无奈）

面对群童欺凌，杜甫……（悲愤）

面对寒冷娇儿，杜甫……（愁苦）

面对天下寒士，杜甫……（悲壮）

三组问题，环环相扣，层层深入，直击文本的核心价值。老师在引导学生思考的过程中，让学生知道了课文的核心内容。

在《卖炭翁》中，陈老师设计了这样几组问题：

**第一组问题**

本诗是一首叙事诗，从“叙事”的角度看，情节是叙事诗的必备要件。请大家再读课文，思考：本诗讲述了一个怎样的故事？请用简洁的语言概括。（温馨提示：请按照“什么人，做了什么事，结果怎样”概括。）

**第二组问题**

“卖炭翁”作为一个主体人物贯穿于诗歌的始终，而诗人也是以“卖炭翁”作为诗歌的题目，可见，卖炭翁的人物形象是作者浓墨刻画的。那么，诗人刻画了一个怎样的卖炭翁形象？（温馨提示：可以从外貌、心理、动作描写的角度，找出相关语句，进行分析。）

**第三组问题**

诗歌中除了卖炭翁这个核心人物外，诗人还刻画了哪些人物呢？“宫使”在诗人笔下十分“生动”，哪些词语使宫使的形象更立体化了？

**第四组问题**

宫使的形象对卖炭翁的形象起到了哪些作用呢？这样的人物描写对揭示主题有什么作用呢？

**第五组问题**

诗人借助诗歌《卖炭翁》，揭示了怎样的社会现实？面对社会现实，诗人是什么态度？表达了诗人怎样的期盼？

两篇课文的问题设计始终围绕核心知识、围绕诗歌特点进行。这样，既可以把知识合拢，也可以给学生一个思维平台，完善学生的学习过程。

## 四、穿越时空隧道，感受诗人情怀

读古诗，诗是载体，它承载的是诗人的情怀和对人生的感悟。然而，诗人与我们的距离实在是太过遥远，如何让学生穿越时空隧道，体悟到诗人的创作情怀呢？老师是引渡人。两位老师都采用了“五步对话”的教学流程，流程的第四步就是“对话作者”，因此，两位老师在这个环节里都安排了“触摸作者的创作情感和创作动机”作为教学内容。

为了让学生体悟到杜甫当时的内心感受，王欢老师在这个环节里为学生补充了几则背景资料，然后提出问题：

> 结合以上材料，请你想象杜甫当时的生活处境，并体悟他创作这首诗时的复杂心情。

执教《卖炭翁》的陈士珍老师在“对话作者”这个环节里，为学生提供了几则背景材料，然后提出问题：

> 诗人借助诗歌《卖炭翁》，揭示了怎样的社会现实？面对社会现实，诗人是什么态度？表达了诗人怎样的期盼？

老师用背景资料结合问题思考的方式，引导学生穿越了时空隧道，与诗人促膝而谈，用心体悟诗人的情怀，让诗人的情怀与学生的情怀融合在一起，“古为今用”的教学效果得到完美显现。

## 五、借鉴传统方法，保障教学效果

诗歌教学没有捷径可走，传统的教学方式需要借鉴和保留。在众多的教学方式里，朗读和背诵是诗歌教学较为有效的方式。

朗读，可以让诗歌的韵律更为鲜明和流畅。学生在朗读时可以沉浸并陶醉其中，领略诗歌的意象及意蕴之美；而韵律可以帮助学生记忆，也可以提升学生的朗读兴趣。

背诵，是积累古诗的唯一方式，也是涵养情操的重要方式。只有多多积累，才能"出口成诗"，才能让诗歌内涵在我们成长的路上转化为一种力量，涵养我们的情操，润泽我们的生命。

课堂上有了这两种学习方式，诗歌教学的效果就能显现。即使是老师的备课有些欠缺，有的内容老师没有引导到位，也没关系，"书读百遍，其义自见"。

中华文化历史悠久，一代又一代的文人骚客挥毫泼墨，为我们留下了一首首或甜蜜、或忧伤、或低回、或昂扬的诗词。如果可以穿越时空隧道，与诗人进行面对面交流，我们便可以尽享具体、深刻的传统文化，在分明的四季轮回与泾渭难分的绵绵悲欢中，站得更高，望得更远。

## 附一：《茅屋为秋风所破歌》教学设计（邯郸市第十一中学　王欢）

**【教学目标】**

1. 掌握"挂罥""黑""见"等字音、字形，积累"俄顷"等文言词汇。

2. 读懂诗歌内容，读出诗歌的情韵。

3. 感受诗中描绘的画面，理解诗人的家国情怀。

**【教学重点、难点】**

1. 读懂诗歌内容，感受诗中描绘的画面。

2. 理解诗人的家国情怀，读出诗人的特定情感。

**【教学流程】**

导入：李白和杜甫是唐代诗歌史上最为璀璨的两颗明星。如果说万事万物被李白嘹亮的歌声无限放大，那么杜甫的诗就是在压抑沉吟之后对社会现实的悄悄还原。今天让我们走进《茅屋为秋风所破歌》，去触摸杜甫那颗绝望中痛苦挣扎的心灵。

（板书课题）

**一、读诗**

初读，辨音识形。

请大家打开课本，结合课下注释和 PPT 上的注音，自由朗读这首诗，用铅笔标注出读不准的字音。

（教师通过 PPT 呈现易读错字音：“向昏黑（hè）”“见（xiàn）此屋”）

再读，诗意了然。

这首诗比较长，内容也很丰厚，需要我们结合注释来理解诗歌的意思。下面请大家以小组的形式，结合注释理解诗歌大意。

（学生讨论）

请大家再次拿起笔来，把自己对每一段的理解分别用简洁的语言概括出来，书写在各段旁边。

**二、品诗**

赏画卷，穿越历史风雨。

师：这是一首叙事诗，杜甫在诗中围绕“茅屋为秋风所破”的事为我们传递了非常丰富的信息，你从杜甫的叙述中读到了哪些有价值的信息呢？

（教师边听学生的回答，边将答案的核心词提炼出来，并有意识地在黑板上分成两部分呈现）

师追问：你从老师的信息归类上发现了什么特点？如果按照这种归类方式，给这首长诗划分层次，你会怎么划分？请你参照信息分类，给这首诗分层。

（学生讨论、交流）

师：大家看看分层后的诗歌，每层是不是都有画面感呢？请大家再读诗歌，感受这四幅画面的内容。

师再问：诗歌语言是很有力道的，每个词在诗中都能找到它的价值所在。请你以第一段为例，看看哪些词语扩张了这幅画卷的视觉效果，让这幅满是瑟瑟秋风的画流动了起来。

（以“卷”为例，展开教学环节）

师生互动：想想这个词语给画面增加了什么样的动感；你闭上眼睛反复朗读这句诗，想象这个词在这句诗里对勾勒画面的作用；请再读这句诗，我们一起来感受这个词语在这幅画面里的作用；诗人用了很多具有张力的词语为我们的想象插上了翅膀，我们再读这段诗，再次让画卷打开并舒展于我们的想象里。

过渡：风雨之中，一位老者正拄着拐杖孤独地向我们走来，他就是杜甫。

思考：请大家阅读课文第二、三段，从中找出一个或直接或间接表现人物内心活动的词语，细细体会这个词语的表达效果。

小结：大家的回答异彩纷呈。是诗歌凝练的语言缩短了时空的距离，让我们插上想象的翅膀重新回到了杜甫身边。

**三、悟诗**

过渡：杜甫人到中年，44 岁才被朝廷授予官职，45 岁国家却发生了“安史之乱”。在历时 8 年的战乱中，杜甫一家颠沛流离，四处投亲靠友。直到杜甫 50 岁那年的春天，他们一家才在亲友的帮助下，在成都搭起了一座茅草屋，有了一个虽不华丽温暖，却也安定宁静的家。此时的杜甫白发苍苍，须拄杖而行，可是到了秋天，生活再一次欺骗了这位老人，茅屋为秋风所破。

（学生朗读）

资料链接：据《旧唐书》记载，“安史之乱”期间，唐王朝“人烟断绝，千里萧条”，人民甚至“以纸为衣”，全国家庭户数由 890 万锐减至 190 万。唐王朝由盛转衰，一蹶不振直至灭亡。

思考：诗歌的语言不仅鲜活了画面，也鲜活了人物。人物的内心情感在诗歌语言的支撑下，更为丰富，更为生动。请你找出能够让人物丰富、生动的词语，结合老师补充的资料，体悟作者此时的情感。

（师生交流）

师：从这些词语中我们发现一个现象：作者在四个场景中的情感是不同的，但是作者最后却把这不同的情绪聚集到了一个词语上，是哪个词语呢？

（“呜呼”）

师：这个词语不仅是杜甫苦恼情感的淤积，更是一种情感的爆发。大家看PPT，根据提示，揣摩诗人在不同情境里发出的不同声音。

（PPT给出提示）

面对自然风雨，杜甫……（无奈）

面对群童欺凌，杜甫……（悲愤）

面对寒冷娇儿，杜甫……（愁苦）

面对天下寒士，杜甫……（悲壮）

（老师引导学生通过逐步变换音调，用“呜呼”表达无奈、悲愤、愁苦、悲壮的情绪变化）

结课：这是一颗绝望心灵的痛苦挣扎，是一个再也没有回天之力的老人向现实世界发出的最后呐喊。让我们满怀敬意，和杜甫对话。全体起立，齐诵诗歌！

（此课例由王欢老师执教，在河北省2018年教学评比中获一等奖）

**附二：《卖炭翁》教学设计（邯郸市第二十七中学　陈士珍）**

**【教学目标】**

1. 理解诗歌内容，积累重点词语（“薪”“营”“直”）。
2. 在理解课文的基础上，结合重点词语分析人物形象。
3. 体悟诗人的创作情感，感受诗歌的艺术价值。

**【教学重点】**

结合重点词语分析人物形象。

**【教学难点】**

诗人的创作情感和诗歌的艺术价值。

**【教学流程】**

**一、诵读经典，聆听古韵**

导入：唐代诗人白居易素有“诗魔”“诗王”之称，他是唐代伟大的现实主义诗人。在其创作的众多诗歌中，叙事诗以其独特的艺术成就备受人们的青睐，影响深远。今天，我们将学习他的一篇经典叙事佳作《卖炭翁》，共同感受诗人笔下曲致的故事情节和经典的艺术形象。

（板书：卖炭翁、白居易、叙事诗）

读准字音，读顺课文。

朗读是诗歌学习的重要方面，请同学们结合注释中词语的读音，自由朗读课文。

提示读音，齐读全文。

（学生朗读诗歌，对于错误的读音教师及时更正）

关注易错字音，记录在随堂笔记本上：“裳 cháng”“骑 jì”“系 jì”。

结合注释，读懂诗歌。

师：在古诗词教学中，准确理解诗词内容是课堂学习的一个重要方面。请大家结合注释，以同桌之间相互合作的方式，对课文进行初步的理解。对于解决不了的问题做好记录，之后进行“举疑”和“答疑”环节。

再读课文，理解内容。

**二、研读经典，采撷精华**

环节一：梳理文脉，感受曲致的故事情节。

师：本诗是一首叙事诗，从“叙事”的角度看，情节是叙事诗的必备要件。请大家再读课文，思考：本诗讲述了一个怎样的故事？请用简洁的语言概括。（温馨提示：请按照“什么人，做了什么事，结果怎样”概括。）

环节二：整理意脉，认识经典的艺术形象。

师：“卖炭翁”作为一个主体人物贯穿于诗歌的始终，而诗人也是以“卖炭翁”作为诗歌的题目，可见，卖炭翁的人物形象是作者浓墨刻画的。那么，诗人刻画了一个怎样的卖炭翁形象？（温馨提示：可以从外貌、心理、动作描写的角度，找出相关语句，进行分析。）

示例分析：

“满面尘灰烟火色，两鬓苍苍十指黑。”“苍苍”写出一个老者的形象，“烟火色”和“黑”则表现了卖炭翁工作的艰苦。“烟火色”是烟熏火燎的颜色，可见非一日所形成，老翁在烟熏火燎的环境中夜以继日地工作，体现了工作的艰辛。

“身上衣裳口中食。”“衣”“食”是基本的生存需求，诗人以此表达老翁生活艰难的现状。

“可怜身上衣正单，心忧炭贱愿天寒。”老翁虽“衣正单”，却“愿天寒”的矛盾心理，是艰苦生活所迫，是一种无奈的心理表现。

“晓驾炭车辗冰辙。”“驾”和“辗”两个动词，写出老翁卖炭路途上的不易。

小结：白居易运用细致的笔墨，对老翁进行详细描摹，一位年事已高、生活艰辛、工作辛苦的老者形象呈现在我们面前。这是一位普通劳动者的艺术形象，更是千千万万劳动者的艺术典型。

师：诗歌中除了卖炭翁这个核心人物外，诗人还刻画了哪些人物呢？“宫使”在诗人笔下十分“生动”，哪些词语使宫使的形象更立体化了？

（同桌之间讨论、交流）

示例分析：

“翩翩”从正面刻画宫使的轻狂。

“回”“叱”“牵”等字构成了一幅动态的立体画面，体现了宫使的蛮横无理，使宫使的形象更加鲜明。

师：在“手把文书口称敕，回车叱牛牵向北”两个句子中，对宫使的正面描写与对旁观者的侧面烘托相结合，将宫使的轻狂表现出来。“回车叱牛牵向北”中的“叱”更富有表现力。“叱”，教材解释为“吆喝”。从字形上看，“叱”字本义是大声责骂，并非一般意义上的“吆喝”。一个“叱”字，则将宫使蛮横的态度展现出来。

师追问：塑造宫使的形象对烘托卖炭翁的形象起到了哪些作用？这样

的人物描写对揭示主题有什么作用?

小结：诗人多角度刻画卖炭翁和宫使，将卖炭翁的悲苦刻画得淋漓尽致，将宫使的蛮横表现得活灵活现，两者形成鲜明的对比，这两个人物也成为中国古典文学人物谱系中的经典形象。人物形象的成功刻画，很大程度上得益于诗人富有张力的语言。诗人抓住几个富有表现力的词语，用最简练的语言传递出最丰富的内容，这就是白居易诗作的独特之处。白居易不但刻画出经典的人物形象，而且展现了一幅幅真实生动的社会画面。那么，这首诗向我们展示了一幅怎样的社会画面呢?

**三、体悟情怀、感受经典**

过渡：让我们一起穿越历史，再回大唐，来了解当时的社会状况。请大家结合老师提供的补充资料，思考：诗人借助诗歌《卖炭翁》，揭示了怎样的社会现实？面对社会现实，诗是什么态度？表达了诗人怎样的期盼？

创作背景：经历过“安史之乱”的中唐社会，各地战乱不断，宦官当权，民不聊生。年轻的白居易就生活在这样的时代，他目睹了当权者的骄横、百姓的流离失所，痛心不已，将目光驻足在贫苦百姓的身上，写下了千古佳作《卖炭翁》。

白居易始终坚守“达则兼济天下”的思想，始终保持体恤百姓的性格本色。写作《卖炭翁》时，白居易担任左拾遗官职，他把反映民声当作自己的职责。

唐德宗贞元末，宫中派宦官到民间市场强行低价买物，名为“宫市”实为掠夺。

(学生思考、讨论，师生交流)

师：诗人借《卖炭翁》揭露了民不聊生、官吏跋扈的社会现实，表达了对“宫市”制度的讽刺以及对劳动人民的同情。

小结：《卖炭翁》这样一个令人意犹未尽的故事，用短短 130 多个字，将两个对比鲜明的形象和无法言说的复杂情愫呈现出来，使之成为永恒，成为文人情怀的艺术展现。让我们再读这首诗，感受鲜明的人物形象，体悟作者的内心情感。

（齐读课文）

结课：中国古代知识分子大都怀着怜悯之心，关注百姓疾苦及朝政。他们乐民之乐，忧民之忧，用自己的笔描摹民生百态，展现了文人“兼济天下”的风骨与情怀。这种情怀激励着一代又一代的国人，以天下为己任，勇往直前，奋斗不息！

（此课例由陈士珍老师执教，在河北省2018年教学评比中获一等奖）

# 情采飞扬，感人至深的“论”与“说”

## ——演讲类文本的教学思考

**引言：**入选教材的演讲类文章，语言特点鲜明，情感表达炽烈，可谓读者人生路上的一盏盏明灯。此类文章表达了作者的真知灼见，抒发了作者的真情实感，既有作者自己精神洗礼后的诉说，也有对读者诚挚的劝勉，其思想内涵远远超越自身的文学价值。教学中应珍惜资源，给学生提供一个了解真理、认识生活、修养自身、提升品质的平台，让此类文本在这个平台上放射出耀眼的光芒。

初中语文教材中有一部分课文是论说类文本，这类文本或是演讲，或是书信，在洋溢着激情的同时，也往往蕴含着深刻的哲理。学生品读时不仅仅是面对一篇篇课文，更是次第打开了精神的空间、思想的领域。这样的文本可以感动人，可以激励人，给人以积极向上的精神能量，其言辞和思想对成长中的学生有着精神的引领和行为的教化作用。学生阅读这样的文章，也是在和一个个高尚的灵魂对话。学生在感受人类精英活跃的思维、丰富的情感和闪光的思想的同时，也体会了口语和书面语的差异，以及不同场合、不同背景下口语运用的技巧。

然而，为了给中考总复习留出更多的时间，这些课文在教学过程中往往被模糊处理。如此精彩的文章和深邃的思想只能和学生擦肩而过，这对于正处在身心成长中的学生来说无疑是一种重大损失。因此，老师应重新调整对文本价值的认识和理解，明确文本的选编意图及其与《语文课程标准》的对应关系，在教学中梳理出文本的语言价值、文学价值，并与学生共同体悟先哲们的思想精髓，让此类文本的核心价值在教学过程中凸显出来，为学生注入品格因子和精神力量，引领学生的成长。

## 一、聚焦核心知识，优化教学流程

文本的核心知识不仅是教师教学的依据，也是学生学习和教学评价的依傍。文学作品所包含的内容很多，也很宽泛。但是，文本进入教材后所承载的教学功能有哪些？需要给学生呈现出的核心知识是什么？学生与课文之间的对话角度有哪些？这些内容梳理清楚了，教学内容才有章可循，有“核”可依，才能让文本的核心价值在教学过程中凸现，并对学生的成长产生聚力作用和深远影响。

### （一）有效提取教材的核心知识

面对一篇课文，如何认识其核心价值并有效提取出核心知识内容，是教师阅读文本后产生的第一感知。教师凭借这种感知和作者再次对话，触摸到作者内心的思想情感和主张并从以下三个角度进行文本整理。

**1. 明确课文主题思想**

有了明确的主题思想，文章才有论说的价值，才有生命力和感染力。演讲类课文有一个共同的特点，就是都有明确的主题思想。而这些主题思想，也是浸润学生成长的基础营养。《敬业与乐业》表达了作者的从业观和人生的价值取向；《纪念伏尔泰逝世一百周年的演说》表达了作者对人类先贤的礼赞，对思想与人格力量的颂扬，对人类正义和良知的呼唤；《〈傅雷家书〉两则》分别写儿子消沉苦闷和欣喜成功的两件事，并从两方面表达傅雷对人生的深刻感悟和对儿子的殷切期望；《最后一次的讲演》用最激昂热烈的情感表现了闻一多先生对李公朴烈士和爱国民主运动的支持、赞赏之情，用怒火声讨、控诉、揭露国民党的罪行，表达了强烈的愤怒和痛恨之情。这些课文以不同的主题，对学生的人格成长起到了“灯塔”般的指引作用。

**2. 明确课文主要观点**

演讲类文章是作者面对各种境况时，内心诉求和主张的表达。因此，每篇文章都有着鲜明的观点，阅读时要认识并理解这些主张和观点。如在《致女儿的信》中，作者表达了这样的观点：真正的爱情远远高于生理需要，因为爱情中包含忠诚、心灵的追念等人性的光辉。所以，我们要善待爱情。

**3. 梳理文章主体框架**

课文的主体框架是文章表达的外在形式，结构层次清晰的文章，可以让文章的主题更加明确，要点更加清晰，对读者产生的影响更加深刻和深远。如《敬业与乐业》，文章开宗明义地提出了“敬业乐业”的主旨，接下来分别谈论了“有业”“敬业”“乐业”的重要性，最后总结全文旨意。文章层次清晰，表意准确，带给读者的影响也是深远的。《致女儿的信》中，苏霍姆林斯基对爱情的解读，意蕴厚重，层次分明。首先说“真爱高于生理需要”，而后说“爱情中要保持对对方的忠诚”，最后说“真挚的爱情中要有心灵的追念”。

（二）合理设计教学过程

一篇意蕴厚重的议论文，要想通过教学过程在学生身上产生深远的影响，需要从以下几个角度进行关注。

**1. 明确教学目标和重点、难点**

阅读教学的目标一般有三个层次：一是基础知识，二是文学样式，三是文学情感。演讲类文本的教学重点，是感受其中的语言特点和语言魅力，感受作者的思想感情，让学生在阅读中认识其文学样式和语言特点，以达到积累语言、积蓄情感的目的。

**2. 提炼文本核心话题**

文本的核心话题，即文本的核心知识，也是师生交流的话题。设计好交流话题，是准确把握文本、解读文本的基础。

**3. 领悟作者的写作意图和情感倾向**

作者的情感是文本的核心起源，文章的情感脉络也是作者的情感脉络。在设计教学流程时，让学生体会到作者的情感脉络，是文章核心价值体现的关键。

**4. 感悟文本的语言价值和文体特点**

演讲类文章从内容上看有三个特点：一是针对性；二是逻辑性；三是

思想性。从语言运用上看也有三个特点：一是用整句；二是多用短句、呼唤语等，富有感召力，极具煽情性；三是多用修辞，如比喻、排比、反问等，增加感染力。

## 二、注重“熏陶感染”，优化学习过程

熏陶感染是语文教学的一个特点，也是这门学科不同于其他学科的一种教学方式和教育方式。《语文课程标准》反复强调“熏陶感染”，这就是给我们的教学方式定了一个基调，围绕这个基调可以设置以下几个情景，加大“熏陶感染”的权重和效果。

### （一）设置读书情境，培养阅读兴趣

读书是理解的前提，也是熏陶感染的前提。没有读书过程，就没有与文字的亲密接触，更不可能对文本内涵及其所承载的思想、情感有更深刻的认识和理解。而这种亲密接触，正是通过各种读书方式进行的，如课前读、课中读，自由读、集体读，朗读、默读、速读，泛读、精读等，旨在让学生在读书中逐步培养自己的阅读兴趣。

一是对观点的兴趣。如《敬业与乐业》，作者在这篇文章关于“乐业”的论述中，对“苦”的理解很独特。他认为，无业游民、终日闲游的人最苦。这种观点不仅对职业趣味性的阐述很有启发性，也可以帮助学生正确地对待现阶段的学习和日后的工作。

二是对语言的兴趣。如《纪念伏尔泰逝世一百周年的演说》，作者对大革命前社会建筑形式的阐述很透彻，可以增长学生的见识，开阔学生的眼界。后面“这是睿智的微笑”一段的议论，短句、长句相结合，使演讲酣畅淋漓，凸显了伏尔泰的平静、平和与睿智。

三是对内容的兴趣。如《〈傅雷家书〉两则》，傅雷对孩子的苦闷表示理解，告诉孩子苦闷亦是生活的一种状态，要正确对待困境。这样的内容，对学生具有很大的启发意义。《致女儿的信》一文中，奶奶讲述了关于爱情的故事，不仅表现了爱情的美好和甜蜜，也间接明确了爱情的责任和本质。阅读这样的内容，可以帮助学生树立正确的爱情观。

### (二) 设置交流话题，分享讨论过程

话题交流，是教学过程中一种重要的学习方式。交流是讨论，也是分享；交流是提升，也是内化。很多难解的话题在交流中明晰了，而明晰后的交流又衍生了新的解读。因此，设置恰当的话题在课堂上交流，是“熏陶感染”达成的有效方式。

话题的提取要紧紧围绕核心知识进行，要具有讨论和思考的价值，要能够在讨论中引发共鸣和思索，并对学生产生思想的启迪和行为的引导。如仔细品读《〈傅雷家书〉两则》，说说傅雷希望儿子成为一个怎样的人；细细阅读《致女儿的信》，说说为什么“做一个幸福的人，只能是在你成为有智慧的人的时候”；在《富有的是精神》中，作者说：“只有先做书呆子，然后才能做聪明人。”说说你对这句话的理解。

学生在面对交流的话题时，会带着懵懂的思索和不解的神情与老师、同学进行对话交流，在交流碰撞中形成新的认识，而这个过程对于学生来说具有重要的影响和作用。

### (三) 建立对话关系，提高阅读品质

阅读教学在课堂上呈现出了三个层级的对话关系，即学生与文本的对话、学生与老师的对话、师生与作者的对话。构建好这三个层级的对话平台，是加强师生与作品联系的关键。

教学伊始，学生应该对课文有一个最初的阅读感受。这种阅读感受是学生完全凭借自己的阅读理解和阅读体验完成的，这是第一个层级的对话，即学生与文本的对话。这时的阅读感受完全是对文字的感应，是学生对文字信息的接受和提取，是学生阅读能力的自我检验。因此，要给学生充足的时间和空间去阅读文本，并获得最初的阅读体验。

老师受生活阅历和阅读积累的影响，对文本的解读有着更高、更深的层次，其思考角度也要比学生多。老师在备课过程中已经构建了自己的阅读感悟，这种感悟要比学生深刻很多。因此，在学生完成最初的阅读体验后，老师和学生进行的阅读交流，就是第二个阅读平台的建构。在这个平台上，老师的作用是引导学生认识更多的生活内涵，并把自己的阅读理解

和学生交流分享，从而增加学生对文本的深度理解。

师生共同的阅读感悟是架构在文本之外的，是凭借自己的认识获取的体验。而作者内心情感的真实流露，才是文章的本质内涵。要想获得这个内涵，就要对作者的创作动机和创作背景进行探究和分析。我们通过探寻作者的内心世界和内心情感，探寻作者心里涌动的巨大情绪，探寻作者的写作冲动，探寻作者的表达意愿，才能发现作者通过这篇文章想要告诉我们的道理。

三个阅读平台的搭建，也是对三个层级对话关系的完善。课堂阅读正是在这三个平台上完成了多个层面的对接，并把核心价值传递给学生。

## 三、关注评价方式，注重学生内心品质的完善和提升

演讲类的文本教学，其评价方式和其他文本有所不同。这样的文章，在情感、态度、价值观的达成度上，远远超过一般记叙文的教学效果。因此，在教学中，我们不仅要从学生的语言表达中看到教学效果，还要从学生的行为中看到其内心的成长。而在教学中要关注到以下三个方面的学习效果。

### （一）读懂课文，是理解作者观点的第一要义

这里的“读懂课文”是指要理解文章的主要观点，了解作者的表达意图，体悟作者的内心情感和表达祈愿。因此，在阅读中要做到：读懂课文内容，明确文章层次，对课文语言有清晰的印象，对一些表达效果突出、表现力强的词语有深刻的记忆。如《敬业与乐业》中的一段话：

> 一个人对于自己的职业不敬，从学理方面说，便是亵渎职业之神圣；从事实方面说，一定把事情做糟了，结果自己害自己。所以敬业主义，于人生最为必要，又于人生最为有利。庄子说：“用志不分，乃凝于神。”孔子说：“素其位而行，不愿乎其外。”我说的敬业，不外这些道理。

此段文字语言犀利，说理充分，引用先哲的话语为观点注入了活力，对学生的成长有着很鲜明的指导意义。学生读完这段话，应该有较为清晰的印象和深刻的理解，能够从中获得思想上的触动并和社会生活联系起来形成新的认识和理解。这样的学习效果才是真正的“读懂课文”。

（二）接纳观点，是打通情感的主要渠道

学生在阅读中对作者的观点要有认同感，不排斥、不抵触，能够用作者的观点反观自己的行为，对自己的行为、思想有纠正的意识。如《〈傅雷家书〉两则》中有几个观点需得到学生的认可：一是人生必定充满了情绪上的起伏跌宕，唯有庸碌和超然的人才不会浮沉；二是坚强有几个方面的表现，不怕困难、不怕挫折、不怕打击，成功时不为胜利冲昏了头脑；三是有矛盾也是生机蓬勃的明证。对这几个观点的认同，是对文本内容的基本把控，同时也是教学评价的重要依据。只有认同了作者的观点，学生才能从内心接纳这些观点，学习才能真正产生“融通”的效果。

（三）情感融合，是熏陶、浸润的显著标识

演讲类文章中的情感表达非常炽烈，学生学习这类文章，要和作者的感情和谐自然地融合，或喜，或悲，或怒，或愁，种种情愫都在阅读过程中自然而然地显示出来，学生的心理状态也随着作者的感情变化而起伏。在这样的学习情境下，作者的情感对学生的情感起到了“催化”的作用，学生在作者情感的激励下，逐步形成了自己的情感基调和认知基础，这种情感和认知，将作为心理成长和品格成长的基础，对学生未来成长起到积极的引领作用。

演讲类文章，既是议论文，也是说理文，这类文本语言特点鲜明，情感表达炽烈。文章表达的是作者的真知灼见，抒发的是作者的真情实感，既有作者自己精神洗礼后的诉说，也有对读者殷殷的期望与劝勉，其思想内涵远远超越其文学价值。教学中应摒弃功利、珍惜资源，给学生提供一个了解真理、认识生活、修养自身、提升品质的平台，让此类文本在这个平台上放射出耀眼的光芒。

# 搭建文学、文化与语文课堂的桥梁

## ——从《云南的歌会》教学案例谈起

**引言：**这是一节参赛课。作为赛事的主持者和评委，在学生的掌声落后，我依然沉醉其中。郗静波是一位具有较高文学素养的语文老师，执教《云南的歌会》这样蕴含着浓厚的文学和文化底蕴的文章，可以说是得心应手。我们也从教学流程中看到了郗老师对语文教学，特别是对文学作品的课堂教学所持有的思考和探索。这对于一个语文老师来说，是难能可贵的。

民风和民俗，作为文化产物，是所有民族成员生活需求的结果，是集体与个人创造力和智慧的集中体现，也是整个民族繁衍生息的重要标志。

然而，在当今的青少年成长过程中，这种民族的声音逐渐被都市的繁华喧嚣所淹没。所谓的现代物质文明，在民族之声和学生视野之间铸造了隔膜。阅读《云南的歌会》这样的文章，可以在一定程度上打破这层壁垒，让传统文化的因子再次活跃在学生们中间，让民族的声音植根于学生们的心灵里。

作为语文教师，我们怎样才能在传统与现代、经典与通俗、地域差异与文化认同之间，搭建一座桥梁，让文化的气息浸润每一节语文课呢？面对一篇贮满了民族内涵的文学作品，怎样在教学过程中凸显其特色呢？郗静波的这节课，在以下几个环节上做了一些尝试。

### 一、开宗明义，定位民族文化背景

这节课的导入语设计不仅体现了新旧知识的衔接，而且能帮助学生确定新授课的切入点。老师将导入语的重点放在民俗文化的基础上，将自然风光与民族文化连缀在一起，用“美丽”“神秘”“朴素”“魅力”等词语搭建了一个信息平台，引导学生把关注点置于民族文化和民俗风情之中，其高度和宽度赫然显现。老师用精心设计的导入语，为这卷即将展开的民俗风情画打上了一抹亮丽的底色，课堂氛围即刻被学生对作品的憧憬所渲染。

## 二、细读文本，品味民族文化魅力

为了在作者、文本与读者之间架起沟通的桥梁，老师连续安排了“快速阅读”“整体感知”“重点研读”三个零距离亲近文本的环节。文字与文字对接，画面与画面叠加，环环相扣，相互映衬。在“重点研读——品味民俗风情”这个环节上，从“对”“漫”“传”三个字中解读歌会的形式和内涵，使得这幅浓墨重彩的民俗画卷具有了非凡的文化神韵。同时借助本色语言，打开通向文章深处的窗口。如：“骑一匹老马，慢吞吞地走十里路。”“马上一面欣赏土坎边的粉蓝色报春花，在轻和微风里不住点头，总令人疑心那个蓝色竟像是有意模仿天空而成的。一面就听各种山鸟呼朋唤侣，和身边前后三三五五赶马女孩子唱着各种本地悦耳好听的山歌。”这随意挥洒的点点墨迹正是作者最原始的心情袒露。“一面……”与“一面……”两句话，从视觉到听觉形成了“天人合一”的瑰丽境界。这是人与自然的和谐统一，也是生命最本质的畅想。

## 三、师生交流，建构课堂对话空间

在这个环节上，本节课完成了多个对话空间的建构。

其一是学生和文本的对话。学生与文本的对话有两种方式：一种是直接对话，一种是间接对话。两种方式产生的效果迥然不同。直接对话虽有时会产生不解的困扰和疲倦，但也有自由驰骋的快感和幡然省悟的清爽。因此，郗老师直接把文本交给学生，让学生在速读、跳读、品读、齐读的过程中，走进文本，体会意境，感受神韵。

其二是学生和作者的对话。沈从文这卷民俗风情画的魅力就在于文字内涵的丰富。他以朴素、纯真的文字，揭示了乡村生命形式的美丽，阐释了人与自然“和谐共存”的哲学理念。这种优美、健康、自然，而又不悖乎人性的人生形式，正是他一生创作所负载的内容。

郗老师借助文本引导学生理解沈从文一贯追求的人情美和人性美，并把这种生命的活力解释为“就是鲜活生动；就是那未经世俗目光浸染过的纯朴自然，未被现代快节奏生活扭曲的自由天性；就是他们热爱生活、歌唱生活、创造生活的热情和活力”，然后直接切入作者表达的原始状态，引导学生将目光投向作者表现人情美和人性美的其他文学作品上，使学生更多地认识和了解大师的文学追求。

其三是学生自己的对话。在这个环节里，郗老师安排了学生之间、小组之间的讨论和探究。课堂气氛热烈，争论之声此起彼伏，不时出现灵感乍现的夸张惊叹、阐明观点时的铿锵言辞和辩论成功后的得意笑声。学生的兴奋点被触发之后，同学之间、师生之间又形成了新的辩论群组，大家尽享探究过程的快乐和思想碰撞的酣畅。接下来，郗老师让学生在精美的民俗图片和隽永的配图文字中，对民俗与民众、民俗与生活、民俗与自身的密切关系展开思索，并最终落实到自己应该从中汲取的精神营养上。

其四是学生和老师的对话。语文老师理应是一个对文本有着更丰富的体验和更细致的感受的读者。因此，在教学过程中，老师不仅仅是教学活动的组织者，也是文本文字的激活者和阐释者。王福仁的《在语文教学中必须同时坚持三个主体性》中说：“学生要学习，要更深入地感受和理解一个文本，首要的条件就是他要尊重文本作者的主体性，愿意切实地感受和理解作者通过文本所要表达的自己的思想和感情，其次就是要尊重任课教师的主体性，愿意感受和了解语文教师对这个文本的感受和理解，并以此为基础深化自己对文本的感受和理解。”郗静波老师在建构师生的对话空间时，用设置问题、讨论探究、启发引导、归纳总结等多种方式，表达了自己的阅读理解和阅读感受。她以深厚的文化底蕴恰到好处地充当了“教学活动的组织者”的角色，起到了激活文本文字的作用。

## 四、小结过渡，吟唱民族文化音符

语文课堂的过渡语和小结语，要具有衔接性和导引性，不仅要简洁明确、自然得体、紧密连贯，而且也要具有语文课的“味道”。本课的很多过渡语和总结语如点睛之笔，点明了各环节的要旨；如语言之范，言学生所未言到之言。有些过渡语是在学生体悟、探究之后，师生共同总结出来，再由学生齐读领会，从而产生了激荡心魄的感动。此时，课堂文化在老师的话语里得到了延伸和传播。

对于今天的初中学生来说，民风和民俗文化教学是不讨巧的。究其原因，是学生们对这种文化背后精神力量的漠视。充分挖掘民俗中的文化内涵，让民俗文化走向民众，是否就能打破这种漠视的观念，在传统文化与现代文明、文学大家与初中学生、地域差异与文化认同之间，架起一座沟通的桥梁呢？这节课，是值得我们学习的一个范例。

**附：《云南的歌会》教学流程（邯郸市第二十五中学　郗静波）**

**一、导入——关注民俗话题**

同学们，你们到过云南吗？云南是一个美丽的地方：昆明的温暖，丽江的静谧，西双版纳的多彩，梅里雪山的神奇，常常使人流连忘返。而更让我们驻足的，是这里丰富多彩的民俗风情，其中“对歌”就是绚丽画卷中一道靓丽的风景。今天我们就跟随作家沈从文，走入神秘而美丽的云南，在他朴素而淡雅的文字中领略云南歌会的无穷魅力。

**二、快速阅读——初识歌会特色**

请大家速读课文，看看云南的歌会到底是怎样的，初读文章带给你怎样的感受？

（学生谈初读课文的感受：颇具民俗风情，热闹，欢快）

学情小结：学生在初读课文后获得的每一个信息，都将成为个性分析和理解课文的丰富资源。

## 三、整体感知——展示歌会画面

云南的歌会真可谓一卷长长的民俗风情画。在这里，作者为我们展现了三幅歌会画面。请同学们跳读课文，筛选关键信息，讨论：看看由什么人、在什么地方、以什么样的歌会形式构成了这些画面。

（板书：青年男女山野对歌、赶马女孩山路漫歌、男女老幼村寨传歌）

延伸思考：从三幅画面看，云南的歌会有什么特点？

教师小结：云南的歌会，天地就是大舞台，人人唱、时时唱、处处唱。这种天地同唱的恢宏气势，形成了云南歌会壮观瑰丽的风情画面。

学情小结：学生针对问题进行讨论，既有参与热情，又有探究效果。回答时偶有不全，经其他同学补充后，知识得以完善，成果相互分享。

## 四、重点研读——品味民俗风情

探究问题：在青年男女山野对歌、赶马女孩山路漫歌、男女老幼村寨传歌这三幅画面里，各有一个字表达的是歌会的方式，请找出这三个字，说说你的理解，并在课文中找出依据。

探究结果："对"，有对抗赛的意味，青年男女在山野对歌，比的是才情，赛的是智慧；"漫"，是无拘无束，自由自在，赶马女孩在山路漫歌，抒发的是心情，展现的是自由自在的天性；"传"，是传递，是传承，男女老幼在山寨传歌，传递的是热情，传承的是文化。

品味赏读：在三个场景中，作者侧重描写了什么内容？表现了它们的什么特点？

品读结果：侧重描写了唱歌人、唱歌的环境、唱歌的场面。唱歌人：工笔细描间，才情出众、勤劳质朴、开朗活泼、率真自然的特点深入人心。环境：优美的自然环境，是云南歌会产生的诗情土壤。美好的环境与美丽的少女相映成趣，天人合一。场面：壮观的场面令人动容，百十来人，齐声歌唱，唱和相续，连绵不断。这种生生不息的热情，就是民歌代代相传的民族原动力。

小结过渡：三幅画面，分别突出了唱歌人、唱歌的环境和唱歌的场面。人、自然、艺术相映成趣，构成了一幅和谐统一的风情画面。

学情小结：在这个环节中，品与读交替进行，在品中感受神韵，在读中体会意境。老师咬文嚼字的示范赏析与学生的个性阅读、个性理解相结合，逐渐打通学生与文本之间的隔膜，使学生走进文本，走近作者。

**五、对话作者——理解民俗内涵**

师生交流：徜徉在云南的歌会，你是否被这些散发着浓郁的泥土气息和民族特色的风情画卷感染？你认为云南的歌会最大魅力在哪里？

老师引导：课文选自《记忆中的云南跑马节》。在未选入课文的部分中，有这样一句话："从马背上研究老问题，不免近于卖呆，远不如从活人中听听生命的颂歌为有意思了。"作者当时去云南的跑马节，本来是为研究马鞍上的花纹的。但到了那里，就被那里丰富多彩的歌会吸引住了，回来后就写了这篇文章。

师生交流总结：从这句话我们看到了，云南歌会最大的魅力——它是一曲生命的颂歌。从一个"活"字，我们探到作者最原始的意愿。

活，就是鲜活生动；就是那未经世俗目光浸染过的纯朴自然，未被现代快节奏生活扭曲的自由天性；就是热爱生活、歌唱生活、创造生活的热情和活力。这也是沈从文一贯追求的人情美和人性美。这种追求体现在他的文学创作中，形成了独特的文学风格。课下，我们可以阅读他的小说《边城》，那里有更多这样鲜活生命的影子。

（师生齐读这句话，再次领悟作者的情感源泉）

学情小结：在这个环节中，"活"字的出现引发了学生的争辩，也让学生产生了理解上的新鲜感，这使得他们重新审视文章。之后的回答虽不算踊跃，但个个都能体现思维的深度。老师的话语，让学生陷入了对生命状态的思考。之后的师生齐读，声音整齐有力，场面肃穆感人，师生的灵魂得到洗礼和净化。

**六、对话自己——反思民俗生活**

教师引导：这节课就要结束了，但我们对民俗的思索却才刚刚开始。我国的民俗丰富多彩，是一本厚重的文化大书。这本书的内涵，需要我们时常用一颗敬重的心来静静感悟。最后，让我们欣赏一组图片，在图片与图片的交叠中，重温云南这片诗意土壤上的明媚与湛蓝，再次感受民俗中纯朴自然的生命气息。

结课：有人说，民俗是民族心底的声音，它无时无刻不在我们身边，滋养着我们的生命。今天，读读沈从文，我们也要说，请珍惜这来自民族心底的声音。让我们灿烂微笑，大声放歌，在天地间，找回那个生动鲜活的真我！

学情小结：这个环节是唯美与厚重的结合。学生的思维被文字引领着，被画面震撼着，被音乐融化着，内心的剧烈翻涌却体现为外在的波澜不惊。没有惊呼，没有呐喊，唯有沉静和凝重。

课后反思：一节课上完了，在掌声渐渐淡去的同时，我对语文教学有了更多思考：如何搭建文学、文化与语文课堂的桥梁，让以文学为载体的民风、民俗、民族文化真正走进学生的心里？在学生对艺术的品鉴能力尚且稚拙的时候，如何留一道轻轻的痕，让民族文化作为爱的底色涂一抹在他们成长的摇篮里？这节课，是个尝试。

# 让经典的光芒在语文课堂上闪耀

## ——《就英法联军远征中国致巴特勒上尉的信》教学思考

**引言：**课赛结束了，所有参与这次备课的老师都满心欢喜，因为讲课老师的发挥获得了好评，教学设计更是得到了评委的关注。但是，作为课堂教学思路的设计者，在经历了备课过程中的一个个“短路”困窘之后，在经历了老师们深夜备课“眼迷离”的煎熬之后，我收获的不仅是一节课的喜与忧，还有对这支年轻队伍成长的更多思考。

《就英法联军远征中国致巴特勒上尉的信》是以英法联军发动侵华战争为背景的文章。巴特勒上尉本想利用雨果的显赫声望，让雨果为英法联军远征中国所谓的胜利捧场，但雨果，这位法国浪漫主义作家的代表人物，19 世纪前期积极浪漫主义文学运动的代表作家，以一种独特的文学表达方式，强烈地谴责了英法联军火烧圆明园的强盗行径。

长久以来，这篇檄文以经典的文学内容和丰富的教学资源被收录进各种版本的语文教材中，作为文学范本进入语文课堂，为广大师生所享用。

在河北省优质课评比活动中，邯郸市第二十五中学的参赛选手常欣老师抽到了这节课。在集体备课过程中，我们重新认识了这篇经典美文，从中获得了更多的文学信息和情感信息，也重新认识了雨果先生的博大胸襟和他对世界文学所做出的贡献。

回溯这次备课过程，再次研读这篇多年来一直执教的文章，我们有了更多的教学思考，梳理一二和大家分享。

### 一、炫丽的文字，绝世的瑰宝

多年来，我听过很多语文老师执教《就英法联军远征中国致巴特勒上尉的信》，很多老师愿意把重点放在“反语”这个知识点上。无论是从语文知识的角度，还是从情感表达的角度，反语，都是大家关注的一个焦点。因此，课文的后半部分就成了老师关注的重点、解读的重点，师生反复咀嚼的重点。在这种心理的影响下，课文的前半部分文字很容易被忽略掉。其实，正是有了前面的文字铺垫，才凸显了后面反语的力量与作用。就像一个花瓶，在打碎前，对花瓶的所有描述，都是对花瓶价值的提升。花瓶越贵重，打碎后的“痛心”程度就越大。因此，在这篇文章中，雨果先生从多个角度对圆明园进行了细腻、尊崇地描述，把一个“万园之园”推到了读者面前，以此为后面的“侵略行径”和“强盗行径”做衬笔，把痛心的情感推向高潮。

雨果先生在描述中反复使用了令人震撼的赞美之词，描述圆明园的稀有价值和艺术魅力：

> 圆明园在幻想艺术中的地位就如同巴特农神庙在理想艺术中的地位。一个几乎是超人的民族的想象力所能产生的成就尽在于此。和巴特农神庙不一样，这不是一件稀有的、独一无二的作品；这是幻想的某种规模巨大的典范，如果幻想能有一个典范的话。请你想象有一座言语无法形容的建筑，某种恍若月宫的建筑，这就是圆明园。

“超人的民族的想象力所能产生的成就尽在于此”“规模巨大的典范”等评价语言的运用，赋予了圆明园以极高的荣誉和地位。

> 请你用大理石，用玉石，用青铜，用瓷器建造一个梦，用雪松做它的屋架，给它上上下下缀满宝石，披上绸缎，这儿盖神殿，那儿建后宫，造城楼，里面放上神像，放上异兽，饰以琉璃，饰以珐琅，饰以黄金，施以脂粉……请你假设人类幻想的某种令人眼花缭乱的洞府，其外观是神庙，是宫殿，那就是这座园林。

对圆明园里瑰宝的描述，雨果先生用了“宝石”“绸缎”“黄金”等词语表达其“珍奇”的价值。而对这座建筑本身的评价，则用了“世世代代的结晶”“幻想的某种规模巨大的典范”“令人惊骇而不知名的杰作”“亚洲文明的剪影”等语句。

如何引导学生细细品读、咀嚼这些文字，并在心里幻化成未遭焚烧的圆明园，给后面的文字做好情感铺垫？在备课过程中，我们做了以下处理。

一是带领学生抓文本的重点词。常老师设置了下列问题，引导学生的思维方向：

> 雨果先生是从哪些方面来表现圆明园这一“世界奇迹”的地位和价值的？对于这个世界奇迹，作者还给予了它哪些高度评价？请同学们在小组内合作学习，结合具体语句讨论分析。

这样的引导方式，可以给学生提供一个品鉴文字的思维空间，既有对语言的触摸也有对内容的思考。其间，“艺术”“作品”“耗费”“典范”“剪影”“杰作”等词语会陆续从文中跳出，学生在品读过程中就可以完成对语言信息的筛选和提取，重新组合成新的语言框架来表达自己的阅读理解和阅读体验。

面对学生提取的多个信息，老师从自己的阅读角度谈感受，从而完成师生共同的阅读过程。常老师在总结中这样说：

> 雨果先生从艺术、物品、耗资三个方面表现了圆明园这一“世界奇迹”的地位。他用精美的语言描绘了心中美轮美奂的万园之园，这就是圆明园，它是幻想艺术的典范，它是亚洲文明的剪影，它是中国人民为世界创造的奇迹！

这个小结既是老师对文本的阅读感悟，同时也引导了学生对阅读信息进行再整理。这也正是老师引导作用的体现，也是“教”的价值所在。

二是以这些文段为支撑，帮助学生建立思维空间，充分发挥学生的想象，培养学生的想象力。

想象力是语文学习中不可或缺的一种重要能力。下面这段对圆明园描述的文字，给学生提供了无限的想象空间：

> 请你假设人类幻想的某种令人眼花缭乱的洞府，其外观是神庙，是宫殿，那就是这座园林。
>
> …………
>
> 过去的艺术家、诗人、哲学家都知道圆明园；伏尔泰就谈起过圆明园。人们常说：希腊有巴特农神庙，埃及有金字塔，罗马有斗兽场，巴黎有圣母院，而东方有圆明园。要是说，大家没有看见过它，但大家梦见过它。这是某种令人惊骇而不知名的杰作，在不可名状的晨曦中依稀可见，宛如在欧洲文明的地平线上瞥见的亚洲文明的剪影。

精美的词语，精湛的评价，给学生提供了一个想象的框架，使圆明园这个“万园之园”矗立在学生的心中，并构建出精美的视觉效果图，让想象艺术和现实艺术完美地融合在一起，从而使学生完成了从文字品鉴到情感聚集的阅读过程。

## 二、讽刺的文字，愤怒的谴责

圆明园在哪里？——中国。

它有多美？——无与伦比。

“老天哪！整个中国在地上跌得粉碎！”——这是雨果的诗《跌碎的花瓶》中的第一句。一个仆人失手打破雨果在根西岛购买的中国花瓶，引来雨果先生的不胜惋惜。而今，中国的“万园之园”被一群强盗烧毁了。

作者在使用了足够分量的语句赞美了圆明园之后，在给了大家一个

“无与伦比”的“万园之园”之后，突然告诉大家：奇迹消失了！以此引发读者的震惊和愤怒。接下来的文字，是作者以无比愤怒的情感、语言，揭示事件的真相，抨击侵略者的行径：

> 有一天，两个来自欧洲的强盗闯进了圆明园。一个强盗洗劫财物，另一个强盗放火。似乎得胜之后，便可以动手行窃了。他们对圆明园进行了大规模的劫掠，赃物由两个胜利者均分。

这里，作者用了一连串鲜明的词语，如“强盗”“洗劫”“放火”“行窃”“劫掠”表达着自己的愤怒，这种情绪的宣泄又和前面的“赞美”形成了无缝对接。两种截然不同的情绪似“高空碰撞”，用一种特殊声音传播到了世界的每一个地方，警醒了世人，召唤着所有呼唤和平的人们。

教学过程到了这里，一切似乎已经是水到渠成。因为有了前面的铺垫，有了对圆明园的赞美，学生们的诵读感情也就蓄势待发了。老师不必讲解，无须分析，只要让学生反复诵读，集聚情感，一次一次地把情感推向高潮——愤怒的情绪就把课堂罩住了，学生的情感也就自然而然地和作者的情感融合在了一起，学生也就获得了情感的升华和灵魂的洗涤。

常老师在进行这个环节时，不仅把学生的情绪引到了一个非常饱满的状态，也使全场的听课老师深受感染。大家在学生一遍遍的诵读声中，受到了一次心灵的洗礼。

## 三、高尚的灵魂，博大的胸襟

一篇伟大的作品，是由一位伟大的作家创作出来的。雨果，这位法国浪漫主义作家的代表人物，19世纪前期积极浪漫主义文学运动的代表作家，倡导人道主义，反对暴力，以爱制“恶”的代表人物，正是这样一位伟大的作家。

读一篇文章，结识一位作家。学习这篇文章，全面认识雨果，从雨果身上汲取力量，是这篇课文教学的目标之一。具体来说，就是理解雨果的情感世界，体味雨果的博大胸怀和高尚品格。在这个教学环节，常老师设置了这样一个切入点，带领学生走进雨果的精神世界：

遭受迫害的雨果19年流亡国外，在国家危亡的紧要关头，雨果毅然回国，由此可见雨果对祖国的感情是多么的炽烈。但是，当中国的圆明园被毁，身为法国人的雨果却言辞犀利地谴责同胞的侵略行为。你怎么看待他的爱国精神？你怎样理解雨果先生的高尚情怀？

这是个有思考价值的问题，也是一个透视作者内心世界的问题。学生通过讨论交流，在老师的引导下，获得了这样的结论：

雨果先生人格伟大，坦坦荡荡，他所具有的对被掠夺者的同情，对世界和平的希望，对艺术的尊崇，对祖国的热爱，体现出一个人道主义者的高尚情怀。正如他的名言——世界上最宽阔的是海洋，比海洋更宽阔的是天空，比天空更宽阔的是人的胸怀。

对于这个结论，学生未必能够认识到位。为此，常老师安排了学生反复诵读课文末尾的几段文字。在学生的反复诵读中，一位站在世界文明的高度、手握文明与野蛮的标尺、大义凛然的形象赫然再现。

对于经典的文学作品，特别是富有广阔社会背景和深厚文化内涵的作品，在教学中，老师需要引导学生透视出作者的生活背景和思想背景，理解作者的创作动机，理解作者的情感倾向，理解作者的生活态度。只有这样，学生才能真正咀嚼到作品的内涵，获得文化的启迪。正如培根所说：“用伟大人物的事迹激励我们每个人，远胜于一切教育。”

当学生怀着崇敬和激情与雨果对话的时候，相信他们的胸中会油然升腾起一股发自心底的潜力，一股奋起追求的冲动。这种潜移默化的无形力量，会激励学生向往崇高的人生境界。

赛课活动结束了，这节课在大家的共同参与下获得了观课者的好评。

但是，一等奖并不是终极目标，备课过程中带给我们的诸多思考是这次参赛的最大收获。

一篇课文的切入点从哪里来？文本的重点内容如何凸显出来？文本的文字魅力如何在语文课上得到最大的释放？作者的感情如何与师生的感情水到渠成地交融？文本的文学价值通过什么方式渗透到学生的记忆里？对很多问题的思考，成为我们此次备课过程中的最大收获。

## 附：《就英法联军远征中国致巴特勒上尉的信》教学设计（邯郸市第二十五中学　常欣）

**【教学目标】**

1. 积累字词。

生僻字词：如“珐琅”“瞥”“镶嵌”“箧”“曦”。

形似字：如“赃”和“脏”、“裁”和“载”、“缭”和“瞭”、“骇”和“骸”等。

词语：如“典范”“剪影”“不可名状”“荡然无存”“富丽堂皇”。

2. 流畅地朗读课文，整体把握文章的主要内容。

3. 体味文本的精彩语言和反语的表达效果。

4. 理解作者的情感世界，体味作者的博大胸怀和高尚品格。

5. 培养学生对强盗行为的憎恶和对正义和平的维护的情感。

**【教学重点】**

1. 流畅地朗读课文，整体把握文章的主要内容。

2. 体味文本精彩的语言和反语的表达效果。

**【教学难点】**

理解作者的情感世界，体味作者的博大胸怀和高尚品格。

**【教学流程】**

### 一、学习准备——生本对话

1. 给下列加着重号的字注音。

珐琅（　　）（　　）　　瞥见（　　）　　镶嵌（　　）（　　）

箱箧（ ） 晨曦（ ）

2. 给下列形近字组词。

赃（ ） 裁（ ） 缭（ ） 骇（ ）

脏（ ） 载（ ） 瞭（ ） 骸（ ）

3. 解释下列词语。

（1）剪影 （2）不可名状 （3）结晶 （4）荡然无存

（5）奇迹 （6）富丽堂皇 （7）典范 （8）杰作

4. 填空。

雨果，________人，19 世纪伟大的浪漫主义作家。代表作品有《____________》《____________》等。你对雨果还有哪些了解呢？请查找有关资料补充一两个信息。

5. 写作背景：历史上的 1860 年，英法联军以其强盗般的卑劣行径掠夺并焚烧了圆明园，英法联军的统帅巴特勒希望伟大的文学家雨果先生为其歌功颂德。这篇文章就是雨果先生给他的回信。

6. 本文主要写了哪些内容？请用简洁的语言加以概括。

7. 请记录你在阅读过程中产生的困惑。

## 二、交流分享——生生对话

导语：论起世界名胜，希腊有巴特农神庙，埃及有金字塔，罗马有斗兽场，巴黎有圣母院，我们中国能与之媲美的，是曾被誉为“万园之园”的圆明园。可惜如今再去圆明园，我们看到的却只有一片废墟。1860 年，英法联军以其强盗般的卑劣行径，掠夺并焚烧了圆明园。强盗头子巴特勒希望伟大的文学家雨果先生为其歌功颂德，那么他的目的达到了吗？今天我们就来拜读这封《就英法联军远征中国致巴特勒上尉的信》，看看雨果先生的回信是怎样的。

（板书课题）

师：大家利用自习课时间，从词语积累、课文内容和作者介绍三方面进行了充分的准备。下面请大家在小组内交流学习准备的情况。

## 三、聚焦文本——师生对话

速读课文，思考：这封信主要写了哪些内容？你能否用简洁的语言进行概括？

师：这封信主要包括两方面内容，一方面是雨果对圆明园的高度赞美，另一方面是对英法联军罪行的强烈谴责。

（板书：赞美圆明园、谴责侵略者）

学生朗读、思考：雨果先生赋予圆明园怎样的总体评价？雨果先生是从哪些方面来表现圆明园这一“世界奇迹”的地位和价值的？对于这个世界奇迹，作者还给予了它哪些高度评价？以小组合作学习的方式，结合具体语句讨论分析。

总结：雨果先生从艺术、物品、耗资三个方面表现了圆明园这一“世界奇迹”的地位。作者用精美的语言描绘了心中美轮美奂的“万园之园”，这就是圆明园，它是幻想艺术的典范，它是亚洲文明的剪影，它是中国人民为世界创造的奇迹！请同学们看一段视频，让我们一起走进这个梦幻般的皇家园林。

思考：雨果先生的情感是怎样的？哪些语句表达了这种情感？找出来，读一读。

齐读屏幕上的几个句子，体会反语的表达效果，体会作者强烈的感情。

总结：当我读着这篇课文，脑海中的画面定格在寒风中的断壁残垣时，我的心在哭泣。同学们，今天是2010年的10月12日，你知道140年前的今天发生了什么事情吗？1860年的10月12日，圆明园的大火在熊熊燃烧，这一屈辱的历史烧灼着每一个中国人的心！烧灼着雨果先生这位具有强烈正义感的法国人的心！他义正词严地痛斥本国政府，谴责英法侵略者的强盗行为，彰显了他正直的品格和公正的立场。

## 四、探究提升——对话作者

师：遭受迫害的雨果19年流亡国外，在国家危亡的紧要关头，毅然回国。由此可见，雨果对祖国的感情是多么的炽烈。但是，当中国的圆明园被毁，身为法国人的雨果却言辞犀利地遣责同胞的侵略行为，你怎么看待他的爱国精神？你怎样理解雨果先生的高尚情怀？

总结：雨果先生人格伟大，坦坦荡荡，他所具有的对被掠夺者的同情，对世界和平的希望，对艺术的尊崇，对祖国的热爱，体现出一个人道主义者的高尚情怀，正如他的名言——世界上最宽阔的是海洋，比海洋更宽阔的是天空，比天空更宽阔的是人的胸怀。

**五、总结评价——对话自己**

师：今天，圆明园上空硝烟早已散尽，但那个曾经辉煌的世界奇迹却永远消失了，成为世界文明史上永远的损失和我们心头永远的痛楚。面对这样一篇承载我们历史辉煌和屈辱的文章，面对这样一篇来自文学巨匠的饱含人道主义精神的文章，面对这些曼妙与犀利的文字，我们要用正直和良知呼唤世界的和平，捍卫人民的幸福。下面全体起立，齐读大屏幕上的文字："历史不容今人忘记，世界呼唤和平幸福。大爱书写人格伟岸，良知撑起人间正义。"

结语：让我们记住中国领土上的那片废墟，记住那个正义的声音。

（此课例由常欣老师执教，在河北省2010年教学评比中获一等奖）

# 给一方教研平台　还大家一片精彩

## ——“课例研析”活动纪实

**引言：**“课例研析”活动结束了，大家对这次活动中的细节展示，表现出了浓厚的专业兴趣和职业羡慕。许多老师看到同行人的专业成长和职业风采，反观自己的工作现状，心中的艳羡和失落可以从脸上读出一二。用普通老师、常规的教学流程展示教育人的职业情怀，或许会让一些长期处于慵懒和麻木状态的人有一瞬间的警醒，从此有所振作，有所思考，并重新审视自己的价值取向和工作现状，把工作中的种种情绪调整为自励和自勉……

继“名课研析”的教研活动之后，又一个教研月活动拉开了序幕。这次活动的主题是以普通课例为样本继续进行“课例研析”，旨在给更多的初中语文老师提供一个评课范式，也给一线老师的常态课提供一个初中语文教学流程的基本参照。

活动由两个板块组成：一是观课，二是议课。

为了使课例具有广泛的效应，给研析者提供更多的评课资源，拉近更多的青年教师与讲课教师的距离，我们选定了邯郸市第二十三中学青年教师周莹执教莫怀戚的《散步》。

议课则是由来自邯郸市几所学校的学科带头人，从不同角度对这节课进行评析，为参加活动的老师提供阅读教学的导向分析，也为今后的教研活动提供一些评课支架。

两个活动有着一个共同的目标，就是为语文老师搭建一个宽阔的研究平台，让大家在这个平台上共同探究阅读教学的教学效率，以此带动青年教师的专业成长和职业成长。

## 一、以《散步》为载体，搭建集体备课平台，带动一个团队成长

确定《散步》为教学篇目，有几点原因：一是课文篇幅短，适合1课时完成；二是素材贴近生活，容易引发共鸣；三是课文作为初一的现代文，其语文知识较为丰富。

面对一篇传统课文，每个老师都有自己的想法和执教方式。我们该如何设计这节课的教学流程，才能让来自不同地域的老师欣然认可？我们该如何设计教学的各种切入方式，才能给广大的语文老师一个高位引领？我们该如何设计链条式的思考问题，才能让观课老师看到难点被一个个破解？这些常规教学中的困惑及有效课堂建设中的难题，希望能在这节课上得到解决。

为了让更多的青年教师参与到备课中，也为了更好地发挥学校名师的引领作用，学校集中了初一年级组全体老师和部分名师组成了这次备课团队，让大家在集体备课中，在反反复复的“磨课”过程中修正自己的教学行为，提高个人的专业水准。大家在共同的研讨中确定了用“五步对话”教学流程执教这节公开课，并确定了用三个突破口构建这节课的基本流程。

### （一）选好切口，打开文本与学生之间的交流通道

备课伊始，大家就面临一个问题：用什么样的方式拉开这节课的序幕才能打破固有的思路，从而展现给师生一个全新的课型呢？经过反复讨论，周莹老师用了这样一个方式引入新课：

预习宛如一把开启知识大门的钥匙，在同学们的努力下，这扇门正缓缓向我们敞开，让我们跟随莫怀戚的脚步，去聆听这平凡背后的足音。

（板书：散步、莫怀戚）

请同学们伴着美妙的音乐，听读课文，边听边思考：这篇文章以

“散步”为题向我们讲述了怎样的故事？你从文章中读出了哪些有价值的信息？

这样的引入有两个作用：一是学生在自读、预习的基础上，通过听读课文纠正自己在预习过程中出现的错误读音；二是老师用整体感知课文内容的方式提出问题，引导学生提取和整理阅读信息。

周莹老师在这个环节有一些顾虑，担心让学生自由漫谈阅读信息会让课堂失控。因此，老师在整理学生提取的信息时有意识地将“核心词”分两类写在了黑板上，这样的安排为后面的教学埋下了伏笔。

接下来老师话锋一转，引出了本文的两条情节线索：

师：老师有意识地将大家的信息分成两组呈现在黑板上，你们从中发现了什么呢？

（学生议论回答）

师：对，一边和“散步”有关，一边和“环境”有关。也就是说，这篇课文为我们打开了两轴画卷：一轴是家庭生活画卷，一轴是自然景色画卷。

（板书：家庭生活画卷、自然景色画卷）

这样的切入方式，自然、流畅、新颖，且两条线索瞬间清晰，结构特点一目了然。一篇看似随意涂抹的画卷有了两个清晰的主题——生活和自然，为接下来课文内容的学习打开了通道。

（二）精心设问，在思考中直击文本核心内容

一篇好的教学设计中，问题设计是解读核心内容的切入点。切得准、问得巧，学生才能理解到位、感悟深透，才能用思考助推语文能力和语文素养的提高。

老师们日常教学中的困惑很多：一篇文章有多个价值点，我们设计的问题能否与核心价值点重合在一起？怎样发问能够直击关键，切入文本的

最核心处？怎样发问能够难易适度，与学生的思维对接？一节课中，如何设置出一个问题链条，让问题由浅入深，层层推进，符合学生的认知规律？怎样的问题才能放得开又收得拢，问题抛出有张力，能最大限度地打开学生的思维，同时又能稳妥地收回，将四散的火花聚合一处，让学生得到清晰的认知？这些困惑，也是设计问题时最难解决的。

周莹老师在对文本的语言进行分析时，设计了这样的环节：

师：和谐的生活画卷优美的自然画卷，能够在我们面前缓缓展开，和作者的语言运用有很大的关系，请同学们以小组合作的方式完成下面的任务。

问：文中的哪些词语或者句子具有表现力？找出来读一读，说说它们有什么特点。

（小组合作完成，代表发言）

小结：《散步》的语言散发着清新淡雅的芬芳，传神的用词、对称的句式就如一朵朵朴素雅致的小花，任由我们俯身采撷。下面让我们齐读大屏幕上的句子，让这些文字再次在我们心间静静流淌。

（学生齐读大屏幕上的语句）

◇ 天气很好。今年的春天来得太迟，太迟了，有一些老人挺不住，在清明将到的时候死去了。但是春天总算来了。我的母亲又熬过了一个严冬。

◇ 我和母亲走在前面，我的妻子和儿子走在后面。

◇ 前面也是妈妈和儿子，后面也是妈妈和儿子！

◇ 我的母亲要走大路，大路平顺；我的儿子要走小路，小路有意思……

◇ 我的母亲老了，她早已习惯听从她强壮的儿子；我的儿子还小，他还习惯听从他高大的父亲。

在这个教学环节中，周莹老师用“文中的哪些词语或者句子具有表现力？找出来读一读，说说它们有什么特点”进行有效引导。这个问题设计得有张力，能最大限度地打开学生的思路，同时老师又展示了课文的典型句子让学生细细咀嚼，使学生对课文的语言特点有了明晰的认识。

（三）对话作者，引导学生体悟文本主题情感

文学情感是散文教学中的重要内容，文本的社会价值和文学价值都需要在这个教学环节中凸显出来。

《散步》中的“我”承担着生活与社会的双重责任，人物的内心情感极其复杂，如何让学生以他们现有的年龄和阅历理解人物的双重责任，用心去体悟人物的内心情感，需要有一个恰当的切入点。周莹老师在这个环节设计了几个连续的思考点，很好地解决了这个问题：

问：作者写这篇文章时已步入中年，作者想通过文章表达怎样的人生感悟呢？文中的哪句话最能体现这种感悟？

答：我和妻子都是慢慢地，稳稳地，走得很仔细，好像我背上的同她背上的加起来，就是整个世界。

追问：为什么是“慢慢地，稳稳地”？怎么理解“整个世界”呢？

（学生自由畅谈自己的理解）

小结：母亲给了“我”生命，“我”给儿子生命，这是生命的延续。母亲曾经承担了家庭的重担，而儿子将来也要承担这一责任，这是责任的延续。“我”和妻子背起的不仅仅是母亲和儿子，更是家庭的责任与担当。

（板书：责任与担当）

课到此处，并未结束，接下来的追问，把课文主题延伸到了另一个平台之上，把语文学习的责任提到了一个新的高度：

师：面对责任与担当，老师想和大家探讨一个话题。你们的父母和文章中的父母年龄相仿，在家里也是上有老下有小。他们的责任与

担当表现在哪里呢？哪位同学说说。

（学生自由畅谈）

师：我们的父母在家庭里用自己的责任与担当演绎着自己的角色。老师再问一个问题，你们的父母走出家庭后，还有一个角色，就是社会角色。他们要工作，要做好一个“社会人”，你知道他们在“社会人”这个角色里是如何践行着“责任与担当”吗？

（学生发言）

师：他们的这种责任与担当，将会给你们树立很好的榜样。老师想问，面对父辈的责任与担当，你们是怎么想的呢？你们的责任与担当又是什么呢？除了学习，你们还能做什么呢？这个话题留作课下思考，也作为下次我们作文课的一个话题。

这是一个迁移延伸环节，更是一个情感教育内化的过程。问题围绕“责任与担当”进行链条式的设计：课文里的责任与担当、父母在家中的责任与担当、父母在社会中的责任与担当、榜样之下学生自我的责任与担当。这种多层次、多角度的问题设计，既是由课内到课外的延伸，又是由课堂到社会再到自我的认识引导。所以，读书中所言，观现实生活，思书外人生，获自我成长，是这个文本另外一个核心价值，体现了文学育人的作用。在这个迁移延伸环节中，学生们看到了自己父母在家庭和工作中的责任与担当，也无形中在自己内心播下了责任与担当的种子，这是一种积极向上的人生观的正面引导。

在集体备课过程中，老师们将教学设计进行反复修改，不断提升自我，可以说，参与备课的老师们都经历了一次洗礼般的“锻造”。一篇文章，一个契机，为老师们搭建了集体备课的平台，它带动的不单是一个人的成长，而是一个团队的成长。

## 二、以评析为媒介，锤炼名师队伍，聚焦语文课堂教学关注点

“课例研析”的第二个板块就是从这节课上拎出若干个关注点，从名

师的角度去解析其中的得与失，引导参与活动的所有老师对阅读教学进行再审视，对教学方法进行再思考。

那么，如何通过评析，引导老师产生思考并提升自己的教学认识？如何引导老师在评课过程中重新审视自己的语文学科的“格局”定位并构建合理的教学“秩序”？围绕这些问题我们组建了评课团队，并确立了六个评课角度，即语文学科的课程资源和目标定位、语文学科的课堂结构及流程设计、问题设计承载的文本核心价值与思维张力、文学情感的自然宣泄与浸润式的渗透、教学智慧及驾驭教材的能力、学生的学习方式及学习效果。

这六个角度既是本节课的研析方向，也是初中语文常态课应具备的基本思索。评课老师在各自准备过程中，反复观课，反复思考，把自己对语文学科的认识积累和实践积累融合在一起，为大家奉献了一场精彩的评课大餐。同时，这次评课也引发了所有老师对初中语文阅读课所应该关注的方向的思考。

活动结束了，所有参与这次活动的老师都从不同的层面有所收获。大家对这次活动中的细节展示表现出了浓厚的专业兴趣和职业羡慕。许多老师看到同行人的专业成长和职业风采，反观自己的工作现状，心中的艳羡和失落可以从脸上读出一二。用普通老师、常规的教学流程，展示教育人的职业情怀，或许会让一些长期处于慵懒和麻木状态的人有一瞬间的警醒，从此有所振作，有所思考，并重新审视自己的价值取向和工作现状，把工作中的种种情绪调整为自励和自勉，重塑一个崭新的自我，以获得尽责的欣慰和职场的快乐。

# 下笔春蚕食叶声

## ——考场作文的现状分析与对策研究

**引言：**随着“部编本”的使用，语文的学科地位骤然提升，大家越来越重视语文学科。考场作文，这个决定语文成绩的重要环节，更是牵动着每一位考生的心。每年考场作文的现状是什么？每年中考时学生的作文情况和得分情况又是怎样？怎样做才能提高作文成绩？现就考场作文的现状和对策分析如下，与大家分享。

近几年，考场作文的评分标准及分数，牵动着众多的考生、家长和老师的心。在考场这个特殊的场景中，该如何把握作文技巧？如何从容驾驭写作过程？如何让考生在看到作文题目后迅速思考，快速定位，从审题、立意到选材、构思，有一个清晰的思路框架？如何让考生从容地写出满意的文章来？为此，本文从四个方面做出解读。

### 一、中考作文现状分析

伴随着人们对“语文素养”的深入思考，作文所倡导的贴近生活的选材、独特真切的情感体验、有创意的个性化表达的理念，对中考作文命题产生了重大影响。这种影响使得更多的人对作文教学乃至中考作文的现状更加关注。

从全国的中考情况看，作文的命题形式基本呈现了四种类型，即全命题作文、半命题作文、材料作文和话题作文。

#### （一）全命题作文与半命题作文

在经历了话题作文、材料作文的热潮后，全命题作文与半命题作文这两种传统的作文命题方式，重新受到了大家的关注。与此同时，命题作文打破了长期以来“给题目”的出题方式，出现了有阅读材料的命题作文。所不同的是，话题作文和材料作文中的题目要依据材料自行拟定，而这种命题方式的作文则不需要再命题，直接用所给题目就可以了。

在对近几年的命题作文的阅读材料进行分析后可以看到以下几个特点。

一是文字简洁，信息呈现鲜明。在一般的命题作文中，其材料的呈现相对于话题作文和材料作文中的材料要简洁得多，且十分鲜明。二是内容丰富，启发引导到位。命题作文的材料从语言特点看，具有一定的启发性和引导性，有的材料还具有感染力。三是形式新颖，引发联想和想象。有的试题结合试卷“阅读”部分的材料，引导学生“根据材料表现的意境进行合理构思想象”。这种命题在给学生一定想象空间的同时，也避免了“熟题文”或“宿构文”的产生。

（二）材料作文与话题作文中的材料

随着高考作文的导向，近几年材料作文和话题作文都不同程度地受到了大家的关注。这两种命题方式的共同特点是，提供了一些文字材料作为命题的前提。这种材料主要有两个功能：一个是“打开”，一个是“界定”。所谓“打开”，是指文字材料能给学生以启示、引导、拓展思路的作用，使学生能够在多角度、多层面理解生活的基础上理解文题的指向，以确定自己写作的内容。所谓“界定”，是指材料界定了学生审题和立意的范围，避免“熟题文”和“宿构文”的产生，体现了命题人追求评价的公正和公平的原则，以减少评卷过程中难以调控的因素。

从这几年的作文材料看，基本呈现了两种情况：一种是由“材料＋提示语”构成材料内容，另一种是直接用“提示语”作为材料内容。

**1. 材料的主题呈现**

为了体现《语文课程标准》中写作要“多角度地观察生活，发现生活的丰富多彩，捕捉事物的特征，力求有创意地表达”这一要求，各种试题都在努力体现“生活”这个主题。从选取的材料看，大多以“从不同角度诉说生活、引发感悟和思考”为主要内容。具体来说，材料侧重表现以下几个方面。

“情感体验”是生活的主旋律，是人生的重要体验和感受。每个人每天都会面对由各种事情带来的各种情感体验，有喜，有忧，有苦，有甜，有被人呵护、关爱时瞬间的感动，也有奉献爱心、成就别人后的心理满足等，这种种体验，都会带给学生很多心灵的触动。诉说这种感受和触动，是对心灵的又一次净化和洗礼。

“贴近学生实际”“引导学生关注现实，热爱生活，表达真情实感”是近几年中考作文命题的一个显著特点，命题者几乎都在追求“让学生易于动笔，乐于表达”这个目标。因此，学习领域成了命题者关注的热点，其目的是让学生在自己所熟知的生活领域里选材、立意、表达。

“成长历程”中的种种体验，是人生的一笔财富，也是写作的很好素材。学生通过回忆、搜索、整理成长过程中的种种生活体验，会逐渐认识到这笔财富的价值所在。

近几年来，“生命”的话题备受人们关注，其大多是从引导学生关爱生命、热爱生活的角度切入的。生命的话题有悲壮的生命乐章，也有平凡的生活诗篇。吟诵生命的壮美，感受生活的灿烂，是提高学生综合素养的重要途径。

此外，表现地域文化，解读民族文化，感受历史文化，是近几年中考作文的又一个新亮点。如：

> “四面荷花三面柳，一城山色半城湖。”济南因这“一城”的“山色”而拥有了秀美与深邃，因这汩汩的清泉而拥有了灵动和活泼，又因了灵秀聪慧的儿女而成就了灿烂悠久的历史文化。请以“济南的山水风情”为话题，自拟题目，写一篇文章。

除上述几种类型的主题外，更多的材料则是综合表现生活内容，引发学生对生活进行多角度、全方位的思考。

**2. 材料的来源分析**

从作文主体材料的来源上看，主要包括以下几个方面。

用“名家名言”阐释生活内容、揭示生活内涵，是近几年大家看好的一种表达方式；用“生活故事”“热点新闻”“时事资料”引发学生对生活的关注和思考，也是作文命题的一种方式。一个故事、一则报道……都蕴含了生活的哲理和启示。

“读写结合”的命题形式也是这几年一直被大家所关注的，每年都有少量的试题用这种方式呈现。这样命题的特点是：学生在理解阅读材料的基础上，进行立意、命题、选材、行文，试卷中的阅读材料得到了最大限度的发挥和利用。

除上述的几种形式外，更多的材料则是命题者自编或自选的一段文字。这种文字大多语言优美，内容丰富，既有感染力，又有启发性。

**3. 材料的语言特点**

作文的材料在语言风格上，呈现出多样性。一种是平实的语言叙述，即由一段平实的叙述文字加上一段分析引导的话；一种是饱含情感的诱导，这种方式的特点在于语言极富情感化，具有激发感染的作用，命题人希望学生在阅读材料的过程中，受到诱导和激励，从而产生倾诉的欲望；还有的使用了排比句式和大量的修饰词语，以增加材料的语言气势。

**4. 材料的“思辨”与“引导”功能的呈现**

“表达自己对自然、社会、人生的感受、体验和思考”“发现生活的丰富多彩，能抓住事物的特征，有自己的感受和认识，表达力求有创意。”这是《语文课程标准》对写作的要求。表达自己的“感受”，需要在观察生活的过程中，融入自己的思考，对生活有所认识、有所思辨。作文，仅仅停留在观察和诉说生活的层面上，是不会产生“感受”和“体验”的。

“思辨”信息的呈现有三种形式，即显性信息、隐性信息及其他。显性信息是指在材料中或提示语上有明显的提示性文字，这些文字具有思辨功能，能激发并引导学生把已有的生活积累和现在的思考结合起来，从而表达生活体验和感受。隐性信息是指从字面上看没有明显的思考内容和提示，但在字里行间却给学生留下自主思考的空间，以表达生活体验和感受。除此之外，还有一种情况就是：呈现的材料需要学生通过联想和想象进一步思考生活、思考未来，从而表达生活感受和体验。

材料的"引导"功能在作文中占据突出的地位，一些使用频率较高的词语较好地体现了这个功能。"生活""生命""自然""坚强"等词语在材料中是出现频率较高的，有的作为中心词出现，有的则作为主题出现，以达到提示、引导的作用。

（三）话题作文中话题的特点

话题作文中的话题，是在提示材料的基础上提炼出来的。近几年话题作文的话题呈现了以下几个特点。

**1. 具有自由舒展的空间**

话题不是题目，只是一个范围。学生在这个范围内可以自由选择，自主发挥。所有话题作文都有一句"题目自拟"的要求，还有一些诸如"可以记叙见闻、经历，谈谈体验、感受，讲述故事，发表议论，展开想象，抒发感情"等提示。这些都体现了话题作文的话题具有"自由"的特点。

**2. 显示了浓郁的人文色彩**

近几年话题作文中的话题更多趋向于人文关怀，如"有个好心情""乐在其中""坚强""生活给我的爱""微笑""自信""我的另一片天空""苦与乐""我长大了""心灵鸡汤""忧患""倾诉""体验""渴望"等。这些话题都是从"自我"生活感受和体验切入的，从话题上看，能感受到一种强烈的人文关注和关怀。

**3. 呈现了综合化的趋势**

很多话题呈现了一种综合化特点，不仅涉及内容宽泛，而且贴近学生实际生活。话题关注的不是个体，而是群体，让具有不同生活体验的人都有话可说。学生可以提取自己有兴趣的信息作为自己命题的依据，如"走近""倾诉""等待""发现""走进""体验""渴望"等。

**4. 教育功能凸显无疑**

无论什么话题，都以不同的方式显示了教育的功能，如"有个好心情”“乐在其中”“坚强”“生活给我的爱”“微笑”“自信”“生命的芬芳”等。这些话题直接引导了学生对生活的积极思索，其主流意识鲜明夺目。学生在写作文的过程中，能够感悟生活的美好和生命的活力。

(四) 作文的内容要求

当前的中考作文题经常有以下两种要求。

一是作文要有“真情实感”。有不少作文题目中有鼓励学生写出自己的真情实感的要求，这充分体现了作文要密切联系生活，回归生活，回归真实，表露学生自己的真实情怀，展示学生眼中的自然、社会和人生，传达学生独特的感受和认识等“课标”要求。如果说，作文题目的命题方式和文体淡化的要求是从客观上给学生以自由，那么，这一条“真情实感”的要求则是从主观上解放学生的心灵世界，让学生的心灵放飞，促使学生直面自己的感受，正视自己的内心。

二是鼓励有创意的表达。有些作文题会鼓励学生“努力做到有创新、创见”，或者表述为：“能拟出新颖独到的题目，可适当加分。”创新精神是时代的呼唤，也是社会对人才的要求。作文是主观性最强的试题，同时也是最能考查学生是否具有创新能力的一个客观依据。因此，鼓励学生创新将是今后作文命题的方向。

## 二、中考作文发展趋势

初中阶段正是学生人生观、世界观形成的关键时期。中考作文命题在考查学生对生活的观察、体验的同时，更注重考查学生的理性思维，从而引导学生树立正确的价值观、人生观、审美观，倡导学生关注人性美、人情美，培养学生对家庭、社会的责任感。

近几年来，中考作文命题越来越贴近学生生活，强调表达真情实感。命题者常着眼于自然、社会、人生，注重学生的生活经历，让他们有话可说。作文命题多由家庭生活、学校生活拓展为思考生活、探讨人生、崇尚美德、探究知识，提倡辩证思维。因此，命题内容也日渐趋向引导学生走进自然、走进社会、观察生活、思考生活，进而加深对自然生活、社会生活的真切体悟和深刻理解。

感悟生活是命题者十分重视的内容，也是中考常考的内容。这类命题不仅引导学生关注自然生活、社会生活，学会与人、与自然和谐共处，而且渗透着思想道德情操和审美情感。

随着命题思路的进一步扩展，科技类话题也将进入命题者的视线。当今社会，科技越来越深入我们的生活，与我们的生活密不可分。因此，培养科学思维和科学精神，崇尚科学，注重实践，也是命题者重视的内容。

总之，作文命题，将越来越注意充分展示学生的才情，鼓励学生创新、崇尚美德等。只要学生对生活充满热情，对自然充满热爱，再加上有一颗善于思索的心，中考作文就不是一块坚硬的石头，而是我们挥洒心情的舞台。

## 三、考场作文现状分析

中考过后，很多学生对自己的作文分数没底，心中惴惴不安。而阅卷者每每看到作文中的得失，也是感慨万千。成绩出来，几乎所有的学生都会把语文丢分和作文联系在一起。因此，了解中考作文中暴露的问题，有利于老师在作文教学中及时调整教学内容。现将中考作文中存在的一些问题分析如下，供大家借鉴。

### （一）审题不清，偏题跑题

考场作文审题失误，是丢分的主要原因。审题不清主要表现在三个方面：一是因审题不清而离题。如对题目的含义理解不准确，或者对题目的感情色彩把握不当，或者将题目中的局部当作整体，只抓其中一部分。二是因随意写而跑题。有些同学写作文随意性强，没有紧扣题目和中心的写作意识，看似写得很通顺，实则早已偏离了主题。三是刻意求新而偏题。无论何种命题形式，都有一个明确的主题。独辟蹊径固然是好，但风险也会增大。因此，老师要提醒学生，在考场上切忌为了盲目追求满分作文或坚持所谓的“个性表达”而冒险。

### （二）内容空洞，素材陈旧

由于平时作文训练不到位，学生在选材、用材、表达等方面把控不好。有相当一部分学生的中考作文内容空洞，材料陈旧。写记叙文，不会讲故事；写议论文，不会讲道理；叙议结合更是驾驭不了。面对作文题目，梳理不出有意义的、新鲜的作文素材，车轱辘话一直说，没用的话一直写，这样的作文是无法在中考中拿高分的。

（三）虚情假意，卷面潦草

刘勰主张“为情而造文”，白居易认为“感人心者，莫先乎情”，这些精辟的论述告诉我们：写文章一定要有真情实感。纵观全国各地的中考作文评分标准，几乎都有“叙说真实故事”或“写出真情实感”之类的要求。一些学生为了让所写的事情意义“深刻”，塑造的人物形象“高大”，于是就凭空编造，任意拔高，结果出现了内容虚假的情况。许多学生由于缺乏生活经验，生编硬造时闹出了不少笑话。这类作文最让阅卷人头疼，给分也往往偏低。

书写，也是作文评分的一项指标。书写整齐、清晰、美观，阅卷老师便会心情大悦，即使作文有瑕疵，也有一个印象好的分值。字迹不工整、书写潦草的作文会令阅卷老师失去阅读兴趣，更何况还有书写减分的标准。连字迹都无法看清的作文，得分自然是同类作文中最低的。

## 四、考场作文对策分析

相对于日常作文，考场作文具有“时间紧、压力大、空间小”的特点。在2个小时的时间内，完成前面几页试题已经占据了较多时间，学生要在剩余的时间内完成作文的审题、命题、选材、立意、构思、书写等任务，其难度可想而知。更有考场的环境、氛围令学生产生的压力，以及作文题目本身的难度带给学生的考验。因此，考场作文一直是师生双方非常重视的教学内容。面对这种种困惑和无奈，现从以下几方面谈谈考场作文的写作对策。

（一）紧紧围绕中心，从生活中选材

贴近生活，关注人生、社会和自然，是现今作文命题所关注的重要内容。学会关注生活、体验生活、思考生活，并将这种生活过程和思想活动通过作文表达出来，将是未来作文教学的重点，也是中考作文的命题方向。

“中心突出”是考场作文评分时的重要考量指标，因此，选材时要切记“围绕中心”这个基本要求。可以从题目中先行提取核心词，然后围绕这个核心词进行素材搜索。要尽可能选取有思考价值、有感悟价值、能打动读者的生活素材进行构思、行文。

（二）内容健康，表达真情实感

内容健康与否是评价作文的重要标准。作文即做人，作文中表达出的情感、态度、价值观，也是一个人的内心真实写照。健康的生活态度，善良的做人原则，积极的阳光心态，都可以从作文中读到。因此，作文就是人的内心世界的展现。用真心去感受生活，以真情去体验生活，用文章把一个真实的“自我”展示出来供老师评价，是考生应该谨记的。反之，语言矫情、假话连篇、人云亦云的文章，必然会让阅卷老师心生厌烦。表达真情实感的语言，不需要矫情，不需要奢华，朴实最好。我们学过汪曾祺的文章，学过朱自清的文章，这些文学大家的语言都是以朴实著称的，表达的情感也是最真实、最朴素的。老舍先生一句“真想念北平啊”的大实话，感动了无数人。

（三）淡化文体，给思维更大空间

培养学生良好的思维习惯，是作文教学的重要内容。近年来，中考作文往往采用话题作文的形式，为考生提供了丰富的联想和想象空间，其目的是考查学生思维的敏捷性、灵活性、深刻性、多元发散性和创新性。

为了让学生自由地挥洒个性，抒发对生活独特而真切的感受，近年的中考作文题对文体和表达方式一般不作规定，也就是说在文章体裁选择上给予了学生更大的空间。学生可以根据自己平时擅长的表达方式，灵活运用记叙、描写、议论、抒情来表达自己的思想感情和看法主张。

（四）注重语言运用，突出表达效果

语言是作文的载体，作文是语言的艺术。无论什么类型的作文，都需要重视语言的运用，而语言又能真实地反映出一个人的语文综合能力。试想，一篇文章语言贫乏，枯燥单调，甚至文理不通，病句连篇，会给读者留下怎样的印象呢？近年来中考作文评价标准中，特别重视对考生语言运用的规范性、得体性、准确性和艺术性的评价，尤其是对不同文体的语言特点和语言风格的综合评判。因此，在突出中心的前提下，发挥语言的最大功效，流畅、清晰、准确、生动表达，是考场作文的重要一环。

### （五）书写准确，层次清晰，确保卷面的视觉效果

书写和层次都是视觉效果的范畴，也是考场作文的重要评价对象。无论字写得美还是丑，准确、清楚是最重要的。要让阅卷者能看懂、看明白，才能合理给分；否则，势必会影响得分。层次清楚则是整体的视觉效果。试想，一篇文章一段到底，或者是常规的三段论，即开头一段，中间一段，结尾一段，这样的层次方式，也会影响阅读效果。要根据内容的需要适时分段，让语言在叙述中稍作停歇，这样的作文会给读者带来很好的阅读感受。

考场作文看似是应试的话题，其实是作文教学的常规习惯和作文能力的限时展露。从老师的角度看，要对考场作文有更为清晰的认识，对学生临场的发挥有更为真实的了解，才能在平时的作文教学和中考备考阶段有一个合理的教学计划。从学生的角度看，要对自己的写作水平和中考作文的评分标准有清晰的了解和认识，才能以积极的态度面对作文教学和中考前的作文训练，才能积极修正一些不好的作文习惯，以良好的心态面对中考作文。

# 命题作文的现状分析

## ——从全国中考试题看命题作文呈现的特点和趋势

**引言**：自 2004 年起，全国启动了新的课改实验区。这一年，在北京师范大学做访问学者的我接受了一项研究任务：以课改实验区的初中语文试卷为样本，对全国 58 套试卷进行系统分析并提交分析报告。在研究团队的共同努力下，在综合各方面的信息后，最后形成了一份颇具影响力的研究报告。其中，由我做出的作文分析，全面、翔实地对 58 套作文试题进行了全方位扫描透视。十几年过去，翻开昔日的文稿，作文话题依然新鲜。在此选择一个角度呈现给大家，希望能给有志于作文教学研究的老师带来一些启示。

2005 年课改实验区中考试卷作文部分中的命题作文分为两种形式；一种是全命题作文，一种是半命题作文。我在对 58 套课改实验区的试卷进行分析后发现，有 42 套试卷使用了命题作文。58 套试卷共有作文题 93 个，全命题和半命题这两种形式的作文共有 48 个，约占作文总数的 51.6%。由此可见，在经历了话题作文、材料作文的热潮后，命题作文重新受到大家的关注。

### 一、全命题作文的现状与特点

2005 年的 58 套试卷有 16 套试卷使用了全命题作文，其中，有阅读材料的命题和无阅读材料的命题（直接命题）各 8 个。我们对这两种方式进行取值分析如下。

#### （一）有阅读材料的命题作文

在对 2005 年的有阅读材料的命题作文进行分析后发现，这种命题方式呈现了以下几个特点。

**1. 文字简洁，材料内容指向性明确**

在这 8 个有材料的命题作文中，材料的呈现相对于话题作文和材料作文中的材料要简洁得多，最少的有 20 个字，最多的有 130 个字。而 2005 年的话题作文中的材料，最少的有 27 个字，最多的有 218 个字。命题作文的材料虽然简洁，但其信息的呈现是十分鲜明的。如浙江宁波卷：

> 题目：沟通
>
> 友情提示：沟通，据《辞海》解释，意为“使彼此相通”。

在这个简单的材料中，包含了两个信息：“彼此”和“相通”。这样就为学生提示了基本思路。简短的材料，既有提示的作用，也有限定的作用。

**2. 语言丰富，启发引导性强**

命题作文的材料从语言特点看，具有一定的启发性和引导性，有的材料还具有感染力。如重庆卷：

> 题目：那是一首歌
>
> 岁月如歌，生活如歌。在我们人生的道路上，有许多动人心弦的乐章，请撷取你感受最深的一节……

这个试题的题目很大，单看题目，似乎有无从下笔之感。紧跟着的一段简单文字材料从“立意”的角度做了很好的提示，材料用“动人心弦”“感受最深”“一节”较好地启发引导了学生的选材思路。又如：

> 温暖，也许是一个关切的眼神，也许是一双抚慰的大手，也许是一句温暖的话语……生活中，我们时常感受到温暖。请以“温暖”为题，写一篇不少于 600 字的记叙文。

这个试题中，多次使用了“温暖”一词，加上排比句式的运用，使得这段简短的文字无论是语气还是内容都具有“煽情”的效果。

**3. 形式新颖，引发联想和想象**

在2005年的全命题作文中有两道试题引起了大家的关注。如湖南长沙卷：

> 题目：走进桃花源
>
> 温馨提示：题目中的“桃花源”可以借指美丽的景色，也可以象征美好和谐的社会、生活等。

再如湖北宜昌卷：

> 请再次品读“阅读”部分第一大题中提供的四段材料。设想有这样一座小屋：它具有四段材料所表现的自然美和环境美。请你根据材料表现的意境进行合理构思想象，用优美的语言对你设想的小屋及其四周景物进行描写，写出诗情画意，写出那山、那水、那木秀、那花香、那屋净、那鸟鸣……
>
> 题目：我梦中的小屋

上面两个作文题，无论从文字还是内容上看，都有其个性特征。“湖北宜昌卷”是一篇典型的想象命题作文。试题结合试卷“阅读”部分的材料，引导学生“根据材料表现的意境进行合理构思想象”，并对“设想”的景物进行描写。这种命题方式可谓独辟蹊径，在给学生一定想象空间的同时，也避免了“熟题文”或“宿构文”的产生。

（二）无阅读材料的命题作文

直接命题是一种传统命题方式。分析8个直接命题作文，可以发现大多数作文题是由“中心词＋修饰词”构成的。如山西曲沃卷的作文《我心中的歌》，题目中的“歌”是个中心词，选材、立意都要关注这个中心词所包含的意思。“心中”是题眼，在这里起修饰和限定的作用，这种词有时也和中心词同样重要。再如宁夏卷的作文《感谢童年》，这里的“童年”是立意选材的中心，但“感谢”一词在立意上同样有着举足轻重的作用。

由此也可以看出，命题人在使用这种传统的作文命题方式时，也在用“限制”的语言试图避开“猜押题”。题目中一些中心词和修饰词的使用，在一定程度上给学生作文的立意和选材限定了范围。

## 二、半命题作文的三种呈现方式

2005年的半命题作文有32个，在抽查的58个实验区的试卷中，有30套试卷采用了半命题作文；在93个作文题目中，半命题作文约占34.4％，半命题作文的数量超过了话题作文，打破了近几年话题作文一直“独领风骚”的格局。

2005年的半命题作文呈现的方式有三种：一是无提示补充试题；二是语词式补充试题；三是材料式补充试题。由此可以看出，半命题的形式已经由过去的单一型走向了多样化，命题内容也由简单直接的词语提示变为增加了文字材料提示。这种变化扩大了半命题作文的写作领域，给学生提供了更多更大的选择空间。

### （一）无提示补充试题

无提示补充试题，就是命题人只给了试题的一半，另一半需要学生根据给出的一半分析试题需要补充的内容范围。然后，在这个范围内搜索自己最想表达的内容，以此确定主题。主题确定后，再根据这个主题选择恰当的词语或短语，把题目补充完整。

在32个半命题作文中，无提示补充的试题有9个。

大多数作文都是从“我”的自身感受和自身体验切入命题。在9个试题中，山东青岛卷和广西桂林卷采取了双向补充内容的命题形式，对选材、立意的范围起了一定的限定作用。

### （二）语词式补充试题

语词式补充试题，就是给一些备选词语或短语，让学生根据自己已有的生活素材，筛选适合自己表达的相关内容填写在横线上，使题目完整，然后作文。

在32个半命题作文中，有15个语词式补充试题。其呈现方式及使用地区的情况见表1。

表1　语词式补充试题分布表

| 题目 | 备选语词 | 试卷来源 |
| --- | --- | --- |
| 《________无价》 | 孝心、诚信、知识…… | 山西省 |
| 《一堂________的语文课》 | 精彩、难忘、别开生面、发人深省…… | 黑龙江省 |
| 《精彩________》 | 一幕、瞬间、人生…… | 江苏无锡 |
| 《享受________的乐趣》 | 读书、上网、踢球、唱歌、弹琴、下棋、书法、绘画…… | 安徽芜湖 |
| 《________是动人的》 | 青春、微笑、生命、成长、音乐、真诚…… | 福建漳州 |
| ①《________让我感动》<br>②《________让我自豪》 | ①文学、亲情、生命、宽容、理解……②母亲、班级、祖国、长城、成功…… | 广东湛江 |
| 《青春因________而精彩》 | 挫折、友谊…… | 广西南宁 |
| 《我生活在________中》 | 恐惧、忧虑、自卑、讽刺、鼓励、真诚…… | 海南省 |
| 《______一样的______》 | 画一样的田野、梦一样的初三、大海一样的胸怀…… | 四川自贡 |
| 《生活给我________》 | 欢乐、苦恼、自信…… | 四川成都 |
| 《我拥有________》 | 自信、友情、快乐、红亮的心、幸福的家庭、个人的小天地…… | 云南省 |
| 《享受________的乐趣》 | 读书、合作、欣赏、观察或动脑筋、做家务、战胜自我…… | 青海省 |
| 《________，似一缕春风》 | 微笑、赞美、母爱…… | 湖南常德 |
| 《最美丽的________》 | 心灵、语言、瞬间、画面、风景…… | 河南省 |

从上表中可以看出，备选词语和短语是从多个角度提供的，最多的有10个备选词（广东湛江卷），最少的也有2个备选词（广西南宁卷）。语词

呈现的内容也是广泛的，如河南省卷的备选词从“自我”到“自然”等多个角度，提供了“最美丽”所包含的宽泛内容。

值得关注的是，这些作文试题备选语词的后面都有“省略号”。也就是说，所给的备选语词都是提示性的，其数量是不限定的，学生在确定题目的时候，可以从备选语词中选取，也可以根据试题所指意向以及提示语词的样式，按照自己的行文思路自行选择合适的语词。如海南省卷就有“另外选一个更适合你自身情况的词”这样的提示。从这里也可以看出，试卷给的“提示内容”或“备选语词”只是补充试题的一个参考，起提示、引导的作用，并没有想局限学生选择的意思。但是，因为有了一部分题目，选择的范围无形中又受到了一定的限定，这样就可以避免所填语词或“风马牛不相及”或“离题万里”。

（三）材料式补充试题

材料式补充试题，是指在试题的前面或后面给一段文字材料，学生依据材料提供的主要信息，按照试题所表达的意向，提炼或选择合适的语词对试题进行补充使其完整。

在 32 个半命题作文中，有 8 个材料式补充试题。

从抽查的试题中看，所给材料虽然不同，但都在力求达到一个目标，就是让学生写生活中的事情，写成长体验的过程，写人生感悟。如山东济南卷、广东深圳卷、贵州黔西南卷、湖北黄冈卷等，材料直接提示了学生成长过程中的经历和体会，让学生从材料中获得生活的感悟，从而引发对生活的反思，诱发写作的激情。

相对于其他半命题的作文，这样的试题显然是增加了难度，也就是说需要学生首先理解材料，然后分析材料，再提炼出适合自己写作的语词补充试题。

纵观 2005 年课改实验区中考的作文命题，突显出形式多样、个性鲜明的特点，因此，这种命题方式将会重新受到大家的关注。

# 辑三　教材文本赏读

众里寻他千百度。蓦然回首，那人却在，灯火阑珊处。

# 生活中的真味　平淡中的隽永

## ——读汪曾祺的《端午的鸭蛋》

**引言：**喜欢汪曾祺，喜欢他的文，也喜欢他的画。每一段，每一笔，都透着生活的真淳与情思的素雅。不浮不躁不花哨，一篇篇读去，文章那么精练，多一个字不行，少一个字也不成，就好像老泥瓦匠盖房子，一块砖一抹泥地砌，让人感到一种难得的安静。但忽如而来的一个字，或是一个词，又能让你咂摸半天。有时在想，这老头儿，玩字呢？是啊，能把文字拨弄到云端，还连着地气儿的，也就是他了。可爱的汪曾祺！

看到汪曾祺的《端午的鸭蛋》就想到了他的《胡同文化》。在那细细长长的胡同里，最让人回味悠长的是那一声意蕴高远的“嘿”。这一“嘿”，“嘿”出了汪老先生对北京胡同的绵长情思，“嘿”出了他闲散自由的行文风格，也“嘿”出了他对生活真味的独特感受。在疏放中透出凝重，于平淡中显现奇崛，是汪曾祺散文的主要风格。

汪曾祺认为：“风俗是一个民族集体创作的抒情诗。”写风俗，有点怀旧，但那是故国神游，给人慰藉，不是悲苦。因此，民俗的多姿、平凡的生活、儿时的影像在他的笔下显示出了独特风格的魅力。而他那简约、传神、清新、鲜活的语言特点也给我们带来了生活和艺术的享受。《端午的鸭蛋》就是这样一篇既具有生活神韵又凝结着浓烈民俗乡情的散文。

先生以“家乡的端午”开篇，直接切题，直抒胸臆，用“很多风俗”引出下文。于是，在他的笔下，一系列端午风俗就走入了我们的视野：系百索子、做香角子、贴五毒、贴符、喝雄黄酒、放黄烟子、吃“十二红”等。这“人有我有，人无我有”的风俗，在先生看来，都成了他最珍贵的回忆。因此，行文流水，如话家常，如数家珍，于自然、平淡中，表达了对生活的真爱和对故乡的怀想。

然而，让先生颇感自豪的还是家乡“著名”的“鸭蛋”。在这满篇洋溢着深深浅浅的故乡情绪里，“善于腌鸭蛋”的高邮人，大都市店铺里的鸭蛋，别处没有的双黄鸭蛋，质细而油多的高邮咸蛋，甚至用鸭蛋做成的“朱砂豆腐”都成为他不厌其烦并引以为自豪的表述对象。以至于连“对方”的“肃然起敬”和“称道”也不屑一顾，竟然会生出“我对异乡人称道高邮鸭蛋，是不大高兴的，好像我们那穷地方就出鸭蛋似的!”这样的感慨。

其实，先生的不屑并不在于此。看，一个“不过”，笔锋一宕，那藏在心底的自豪和喜悦就悄然溢出。用“惊奇不已”和“确实是好”是远远不够的，于是，“我走的地方不少，所食鸭蛋多矣，但和我家乡的完全不能相比！曾经沧海难为水，他乡咸鸭蛋，我实在瞧不上”“高邮咸蛋的特点是质细而油多。蛋白柔嫩，不似别处的发干、发粉，入口如嚼石灰。油多尤为别处所不及”等语言跃然纸上。甚至引用了袁枚的文字还不甘罢休，还要罗列种种吃法，并用北京的咸鸭蛋和故乡的咸鸭蛋比对。“这叫什么咸鸭蛋呢!”八个汉字，一个感叹号，直白而朴素的话语，幽默而爽朗的声音把先生对故乡的厚爱铺满了整篇文章，好像先生此时已经忘记了自己虽是高邮人，但北京也是他多年居住的地方似的，全然不顾及北京人的感受。

“吱——红油就冒出来了。”这个拖着长音的“吱”字，绘形、绘色、绘神，把先生孩童时吃鸭蛋的情态出神入化般地描绘出来。这既是一幅民族风俗画，也是一首生活赞美诗。我们从这里窥探出先生对儿时生活的怀恋和追忆，解读到先生对民俗文化的尊崇和敬畏，这种种情怀，都源于先生在生活中对“和谐”与“健康人性”的追求。

读到这里，我不禁怅然而叹：先生对鸭蛋的感情可谓真也，足也，甚也，这岂止是对鸭蛋的情有独钟？这是对生活真味的悠然品读，是对家乡情怀的慨然诠释。

端午到了，家乡的鸭蛋又有了别样的故事，在这里，作者把儿时生活的影像一幕幕拉开：

端午一早，鸭蛋煮熟了，由孩子自己去挑一个，鸭蛋有什么可挑的呢！有！一要挑淡青壳的。鸭蛋壳有白的和淡青的两种。二要挑形状好看的。别说鸭蛋都是一样的，细看却不同。有的样子蠢，有的秀气。挑好了，装在络子里，挂在大襟的纽扣上。这有什么好看呢？然而它是孩子心爱的饰物。

…………

蛋黄蛋白吃光了，用清水把鸭蛋里面洗净，晚上捉了萤火虫来，装在蛋壳里，空头的地方糊一层薄罗。萤火虫在鸭蛋壳里一闪一闪地亮，好看极了！

小时读囊萤映雪故事，觉得东晋的车胤用练囊盛了几十只萤火虫，照了读书，还不如用鸭蛋壳来装萤火虫。

儿时的生活是快乐的，儿时的生活也是永恒的。每一个细节都是记忆，每一个记忆都是怀想。那咸咸淡淡的鸭蛋，不正是作者对生活和故乡的心情写照吗？此时，端午的鸭蛋已经成为一个意象，成为先生与往昔岁月相连接的一个通道。作者将绵长的生活真味凝聚在了这平淡的生活之中，使其成为隽永的回忆和怀恋。

# 质朴而真挚的表白

## ——读老舍的《想北平》

**引言**：对老舍，我原以为他只是一个大作家，能写出《骆驼祥子》和《四世同堂》的大作家。很多时候，我无法把这两部巨作和《济南的冬天》联系在一起，从文字风格上看，一个是“浩气磅礴”，一个是“小家碧玉”。他笔下的“冬”与“秋”就像两个刚破壳的雏鸡，读的时候总有一种小心翼翼不敢触碰的感觉。而他的《想北平》又直白得不像语言艺术。像什么呢？像一位久别故乡的老汉对绕膝而坐的子孙们率真地诉说着自己的情怀，讲述着家乡的故事……

最早读老舍先生的文章是在孩童时代，每天抱着厚厚的《骆驼祥子》，为其欢喜为其忧；而《四世同堂》则把中国抗日战争的历史画卷一轴轴打开，其人物、其情节，都堪称一部历史的巨作、伟大的经典；再后来进入视野的就是他的《济南的冬天》，文章虽短，却已经足够让我对这个并不遥远的城市产生了梦幻般的憧憬。随即找来了他的《济南的秋天》，其中的一段文字再次震撼了我：

> 上帝把夏天的艺术赐给瑞士，把春天的赐给西湖，秋和冬的全赐给了济南。秋和冬是不好分开的，秋睡熟了一点便是冬，上帝不愿意把它忽然唤醒，所以作个整人情，连秋带冬全给了济南。

在这里，我读到了济南的另一种风情，另一种韵致。我开始感动于先生的文字魅力，更感动于那蕴含在字里行间的朴素和宁静，还有他对一个城市毫无掩饰的热爱。原来，爱极了一个城市，也是可以这样表白的。

没有丝毫的矜持与造作，只有从心底流淌的坦诚与深情，这就是老舍的风格。《想北平》就是这样一篇语言质朴但又饱含激情的文章。

初读时，只是感觉有一种淡淡的乡音，舒缓地流淌着经久不衰的乡韵。其淡雅，其宁静，其念白，其絮絮叨叨，其反反复复，像一位久别故乡的老者对绕膝而坐的子孙们的絮语。再读，心中突然升腾起一种情绪——感动。为谁？为作者还是为文字？都不是，是为作者在文章中挥洒的那种浓烈的故乡情结，为那一声声直抒胸臆的真情表白。

“我真爱北平。”

这句口语化的表白，我反反复复吟诵了多遍。我知道，先生对北平的所有情感都随着这一声“真爱”倾诉了出来。那是流淌在血液里、融化在灵魂深处的情思。正像文章的标题一样，没有华丽的辞藻，没有复杂的句式，也没有欲扬先抑的波澜起伏，“想”，就是想，“爱”，就是爱，而且是“真爱”。现在还有谁敢这样运笔？敢如此豪放？敢如此直白？但恰恰如此，先生那积蓄已久的情感，那因爱而喜欢的情愫，都在这一声“真爱北平”的叨念中，倾泻而出。

“我爱我的母亲。怎样爱？我说不出。在我想作一件（事）讨她老人家喜欢的时候，我独自微微的笑着；在我想到她的健康而不放心的时候，我欲落泪……我之爱北平也近乎这个。”对一个地方的热爱，能够和母亲同语，而且表达的方式又是如此简单而直白，这不能不让我们感慨于先生的率直和纯真。是啊，真情的表白何须矫揉造作？华丽的霓裳不及素雅的蓝衫。因为，情，源于生活，语言，也源于生活。当二者相互融合的时候，生活的本色也就显露出了它的独特魅力。

“我不能爱上海与天津，因为我心中有个北平。可是我说不出来！”读到此处，我不禁哑然失笑。是真的说不出吗？先生的说不出，是指什么呢？说不出俏丽的文字？说不出美妙的话语？说不出颂歌般的诗文？都是，也都不是，这里的说不出，是指那“整个儿与我的心灵相粘合的一段历史”，这种情感是任何语言也诠释不了的。

因为爱，北平的任何一种事物都带有情；因为有情，先生的心中又是满满的爱。这种爱与情的交融把“想”的情怀推向了另一个巅峰——生活中的点滴事物皆因此而有了色彩：

墙上的牵牛，墙根的靠山竹与草茉莉，是多么省钱省事而也足以招来蝴蝶呀！……青菜，白菜，扁豆，毛豆角，黄瓜，菠菜等等，大多数是直接由城外担来而送到家门口的。雨后，韭菜叶上还往往带着雨时溅起的泥点。青菜摊子上的红红绿绿几乎有诗似的美丽。果子有不少是由西山与北山来的，西山的沙果，海棠，北山的黑枣，柿子，进了城还带着一层白霜儿呀！

悉数北平的点点滴滴，都是爱的诉说，每一件事物都透露着作者内心深处的柔软。这种柔软让读者不忍触碰，不忍大声朗读，不忍把语速加快，生怕惊醒了沉醉在温柔梦境中的思乡人。哈一口气，也担心把意境打碎，只好轻轻地，轻轻地用嘴唇划过每一个字、每一个词、每一个音符，在低吟的唱念中陶醉于北平的温情里。

如果说先生一直用舒缓的语言娓娓道来内心的真爱，给读者的是一种安详，一种宁静，那么，文章结尾则有一种按捺不住的激情喷涌而出：“好，不再说了吧；要落泪了，真想念北平啊！”

十六个字，两个感叹号，揭示了先生朴素而多情的内心世界。至此，全文看似静静的小溪瞬间化成了汹涌的激流并戛然而止。先生笔下的一幅幅画面在读者的泪眼婆娑中闪现，勾起人们的无限遐思。北平，这个摄人心魂的宝地，更激发了读者的向往和尊敬。而老舍先生那如痴如醉的思念，也将随着清风流云，弥漫在我们的心间。

# 儿时的记忆　素淡的永恒

## ——读丰子恺的《忆儿时》

**引言：**说起丰子恺，我们一定会想到他那一幅幅纯净、有趣的漫画：几个人物，一只风筝；两把蒲扇，一个幼童……这一幅幅别具一格、反映现实、充满幽默、富有哲理的漫画，影响了一代又一代人。丰子恺的散文，也如同他的漫画一样，纯净、温润、恬淡隽永。

认识丰子恺，源于他那一幅幅风趣干净的漫画。儿童憨态、亲友琐事、世间万象等多种情景，在他纯净简洁的画笔下活灵活现、栩栩如生。他的漫画也如他的为人一样，善良、温润、有趣。

与先生的漫画一样，他的散文作品是我国文化史上的一颗璀璨的明珠。在一篇篇清新明快的文章中，丰子恺憎恶着人间的虚伪自私，赞美着儿童的纯真可爱，并且常常通过对日常生活琐事的巧妙点染，阐发深邃悠远的人生况味，表达着对生命的尊重和思索。

《忆儿时》就是一篇溢满了儿时况味的回忆性散文。在一次修订教材时，我萌生了把《忆儿时》选入“河大版”初中语文教材的想法。无论是作者的身份还是主题思想，《忆儿时》作为“童年生活”主题下的课文都是非常贴合的，更何况文章还具有丰富的学习资源和独特的教学价值。

### 一、儿时的趣事，质朴的情思

童年的游戏、家乡的饮食、旧时的节俗、邻里乡亲的交往是丰子恺散文的主要题材，更是其散文语言素朴亲切特点形成的源头。

《忆儿时》创作于 1927 年。作者在这篇文章中记述了自己儿时的三个生活片段：养蚕、吃蟹、钓鱼。

第一个生活片段写的是良辰佳节跟随祖母一起养蚕。在对“养蚕”的记述中，作者详细地描述了一件件乐事。

一乐是蚕落地铺时的走跳板。在这个场景的描述中，作者从三个方面突出了自己的“乐趣”，一是看遍地的蚕宝宝，二是走跳板，三是可以吃到桑葚和杨梅。文章这样描写了“我”此时的欢愉心情：“然而这满屋的跳板，像棋盘街一样，又很低，走起来一点也不怕，真是有趣……”作者在这里运用了比喻的修辞手法，把“满屋的跳板”比作“棋盘街”，生动形象地表现蚕落地铺时，架着经纬的跳板之多，饲叶通行之便，同时也用“失足翻落地铺里，压死许多蚕宝宝”写蚕之多及对蚕的怜惜。

二乐是采茧、做丝时多吃枇杷与软糕。枇杷和软糕是给辛苦做工的人吃的，而我却“无功受禄”地天天吃多量的枇杷与软糕，心中的窃喜与欢愉是可想而知的。作者在这里用“无功受禄”“天天”“多量”几个词突出了当时的“享受”状态和快乐心境。

三乐是做丝时家里的“非常的空气”。七娘娘的亲切提醒、日常家具的变换、不客气地任意取食、蒋五伯的念念有词等，都酝酿成了做丝时家里的快乐空气，给予了“我”童年生活中幸福的感受。

在这个故事中，祖母、七娘娘、诸姐、蒋五伯等人物时隐时现，使得单调的故事描述与人物的行为语言结合在一起，勾勒了一幅生动形象的生活画面，而作者在这幅生活画面中，欢愉地“跳跃”，幸福地成长。

第二个生活片段写的是中秋赏月陪同父亲一起吃蟹。

中秋赏月时跟着父亲、姐姐一起吃蟹，父亲最爱吃蟹，再配上一壶酒就更不错了，“我”和姐姐也很享受这一晚的宁静。

在这个故事中，作者详写了父亲吃蟹的风雅和全家人吃蟹的趣味。同时，也用细腻的笔触再现了当时的一些场景，如：

> 八仙桌上一盏洋油灯，一把紫砂酒壶，一只盛热豆腐干的碎瓷盖碗，一把水烟筒，一本书，桌子角上一只端坐的老猫……

又如：

> 先折蟹脚，后开蟹斗……脚上的拳头（即关节）里的肉怎样可以吃干净，脐里的肉怎样可以剔出……脚爪可以当作剔肉的针……蟹螯上的骨头可以拼成一只很好看的蝴蝶……

细节的描写，给读者呈现了一幅幅精彩的生活画面，让读者有一种身临其境的感觉。

写中秋节全家人月下吃蟹谈笑的情形，满足中流露出一丝落寞，而这样的心情表露也为下文的失落和忏悔埋下了伏笔。

在回忆吃蟹的细节中，尽管作者很细腻地表达了自己对“好滋味”的神往和满足，但依然掩饰不住失落的情怀。这种失落，一是来自于快乐时光的消逝，二是来自于父亲的故去。因此才有了下面的感叹：

> 自父亲死了以后，我不曾再尝这种好滋味。现在，我已经自己做父亲，况且已经茹素，当然永远不会再尝这滋味了。唉！儿时欢乐，何等使我神往！

作者在这个故事结尾处再次抒写对儿时往事的神往及对生灵被杀虐的忏悔，和第一个故事形成了照应。

第三个生活片段写的是乡村河边相偕同伴一起钓鱼。

儿时的伙伴王团团是这篇文章中着墨最多的一个人物。文章用了一大段文字介绍了王团团的家世以及他和“我”的关系。“两家的人们朝夕相见，互相来往。小孩们也朝夕相见，互相来往。”特别是“他时时引导我，照顾我，犹似长兄对于幼弟”一句为下文的钓鱼做了很好的铺垫。接下来的王团团教“我”钓鱼、送“我”鱼竿、捉米虫、帮“我”拉钓鱼竿、送鱼给“我”吃等儿时的影像，既是对上文“犹似长兄”的印证，也是“我”对儿时伙伴的怀想。而由此引发的“我”对儿时生活、对故乡的怀恋之情，也在此时得以充分流露。“钓鱼确是雅的，我的故乡，确是我的游钓之地，确是可怀的故乡。”三个“确是”连用，简练传神地表达了丰子恺先生对故乡的热爱和眷恋。

三个儿时的生活片段，营造出的是一种“草草杯盘供笑语，昏昏灯火话平生”的意境。家常式的叙述方式，泼墨般地书写了丰子恺的诗意童年，而在这诗意的童年生活里，也隐喻着沉重的生命思悟。

## 二、生命的思悟，永生的忏悔

原本是一篇回忆性的散文，原本是儿时的美好生活念想，原本是点点滴滴的童年记忆，而我们却在每一个场景末尾都读到了“忏悔”的字样，仿佛看到了先生沉重的思绪和深深的自责。

在“养蚕”的故事描述中，虽然作者一直在用“乐事”“永远神往”等语言表达着自己内心的欢愉和幸福，但是作者也在字里行间埋下了感情的伏笔，如“兴尽的寂寥”“觉得不好”“生灵的杀虐”“永远的忏悔”等。这一系列语句和作者当时的心情极不匹配，是作者面对“数万的生灵的杀虐”的愧疚和忏悔。“数万的生灵的杀虐”一语，何等强烈，何等深刻，何等自省。

“安得人间也发明织藕丝的丝车，而尽赦天下的春蚕的性命!”这是丰子恺先生面对养蚕过程而发出的由衷感叹，是先生丰富的内心世界的再现，也是他善良慈悲性格特点的真实写照。

在“吃蟹”一节中，先生在“唉！儿时欢乐，何等使我神往”中表达了“仍是生灵的杀虐”这一悔恨之思。于是，也就有了“因此这回忆一面使我永远神往，一面又使我永远忏悔”的自责。两个“永远”连用，一方面表达儿时的欢愉，一方面表达悔恨的久远，悲悯众生的情怀跃然纸上。

在“钓鱼”的故事里，作者在详述钓鱼的“风雅”之后，依然用了“不幸而这题材也是生灵的杀虐”来懊悔自己的过往行为。

丰子恺早年曾从李叔同学习绘画、音乐，深受其佛学思想影响。“佛”令丰子恺的散文随笔有了较高的境界，使其散文语言多了几分素朴亲切，多了些沉思、默想、达观和自然。“一面使我永远神往，一面又使我永远忏悔”，这种矛盾的心理，既是对童年时代的无限留恋，又是对戕害生灵的时时忏悔。这种纠结一方面是作者佛心的体现，另一方面也是作者成长过程中心理变化的真实写照。

作者在全文的结尾处再次表达了对生灵被杀虐的忏悔，和前两个故事再次形成了照应。一篇普普通通回忆儿时的文章，却把情节写得如醉如痴，思想情感表达得淋漓尽致，这不仅仅得益于作者儿时生活的丰富多彩，更重要的是作者始终怀有一颗童心。

## 三、素简的笔锋，淡雅的神韵

读丰子恺的散文，常常会想到他的漫画，那种对儿童心性、人生况味的细致体验与这篇文章相比，正好印证了“绘心复合于文心”之说。如《瞻瞻的脚踏车》中，一个孩童两手拿着两个大蒲葵扇当作两个车轮子比画着。《取苹果》中，桌子上放着两个苹果，一个孩童把桌子的抽屉打开，打算沿着抽屉攀爬上去拿到两个苹果。《阿宝两只脚，凳子四只脚》中，一只凳子，四条腿的下端被一孩童分别穿上了鞋子，其中两只鞋子是阿婆的，两只鞋子是阿宝的。

一幅幅素简的漫画，每一笔都书写着童年的情趣，表达着丰子恺先生对童年生活的记忆和理解。

丰子恺先生的散文和他的漫画一样，不追求辞藻的繁华绚丽，而是“寄至味于淡泊”，通过素淡隽永的文字集中表达了对儿童世界童真、童趣的赞美，对率真童心的倾慕与热爱。这种简练传神、素朴亲切、率真自然的语言风格贯穿了丰子恺创作的始终。

朴素自然、单纯明快，是《忆儿时》这篇文章的语言特点，也是丰子恺散文的主要特点。

家常式的叙述方式和素朴的语言，营造出了一种自然和谐的生活意境。儿时的游戏，家乡的饮食、节日，旧时的风俗、礼节，邻里乡亲的交往，是丰子恺日常生活的组成部分，也是其散文语言特点形成的源头。作者在这篇文章中虽无精致细腻的描写和感人肺腑的抒情，却也以朴素、自然的语言，绘写了令人回味无穷的家乡日常生活画面。如：

> 然而这满屋的跳板，像棋盘街一样，又很低，走起来一点也不怕，真是有趣。这真是一年一度的难得的乐事！所以虽然祖母禁止，我总是每天要去走。
>
> …………
>
> 自此以后，我只管欢喜钓鱼。不一定要王囝囝陪去，自己一人也去钓，又学得了掘蚯蚓来钓鱼的方法。而且钓来的鱼，不仅够自己下晚饭，还可送给店里的人吃，或给猫吃。

白描手法的运用是这篇文章的另一个特点。

白描本是中国画技法之一，用在文学领域则主要是指用朴素简练的文字描摹形象，不重辞藻修饰与渲染烘托。丰子恺的散文一如他的绘画艺术，寥寥数笔就营造出一种悠远淡雅的氛围，勾勒出一个个惟妙惟肖的形象，这就形成了其散文特有的清新朴素的风格。《忆儿时》中写父亲的晚酌，寥寥几笔，境界全出：

> 八仙桌上一盏洋油灯，一把紫砂酒壶，一只盛热豆腐干的碎瓷盖碗，一把水烟筒，一本书，桌子角上一只端坐的老猫，我脑中这印象非常深刻，到现在还可以清楚地浮现出来，我在旁边看，有时他给我一只蟹脚或半块豆腐干。

写中秋家宴，叙述简洁，文字朴素：

> 尤其是中秋一天，兴致更浓。在深黄昏，移桌子到隔壁的白场上的月光下面去吃。更深人静，明月底下只有我们一家的人，恰好围成一桌，此外只有一个供差使的红英坐在旁边。大家谈笑，看月亮，他

们——父亲和诸姐一直到月落时光，我则半途睡去，与父亲和诸姐不分而散。

丰子恺先生对邻居孩童一系列捕鱼动作的生动描摹，可谓情态毕现：

> 他到米桶里去捉许多米虫，浸在盛水的罐头里，领了我到木场桥头去钓鱼。他教给我看，先捉起一个米虫来，把钓钩由虫尾穿进，直穿到头部。然后放下水去。他又说："浮珠一动，你要立刻拉，那么钩子钩住鱼的颚，鱼就逃不脱。"

与此相类似的是，在他的《吃瓜子》一文中写道："一粒瓜子塞进了口里，只消'格'地一咬，'呸'地一吐，早已把所有的壳吐出，而在那里嚼食瓜子的肉了。"几个动词流畅地叠加，把闲散的少爷小姐们剥瓜子的"巧技"描摹得栩栩如生。

文如其画，画如其人。一幅幅题材涉及世间万象的漫画，一篇篇清新明快的散文，折射出丰子恺先生的生活态度，阐发了深邃悠远的人生况味。他对童心的执着坚守，对生活的挚爱，也深深地留在了每一位读者心中。

# 一曲礼赞生命的民族乐章

## ——读沈从文的《云南的歌会》

**引言：**生命的庄严、人性的朴厚、人情的纯美，是沈从文笔下永恒的主题；牧歌式的诗意和弥散其间的凄然美感，是沈从文独有的文风。他所写都是平凡的人物、平凡的梦、平凡的坎坷和平凡的哀欢，却有着非凡的魅力和非凡的美。

初读沈从文是从湘西凤凰开始的，这是块人杰地灵的宝地，沈从文和他的《边城》从这里飞向了世界。

有人这样解读沈从文：他笔下的湘西文字，毫无疑问属于中国现代文学宝库中非常值得珍赏的那一部分。虽然他写的是小说，是散文，但在那些奇伟美丽、嗅得出泥味和土香的文字中，似乎总有一脉与 2000 年前的屈子气息相承的东西。

在凤凰，我似乎读到了他那“美丽清新而又沉忧隐痛的文字和意境”。于是，就有了后来对《边城》的抱卷深思，有了对《云南的歌会》的细嚼慢品。于是，这曲民族交响乐以最原始、最本色的旋律开始萦绕于我的心间。

选自《记忆中的云南跑马节》中的《云南的歌会》，自始至终充溢着浓烈的人性尊严。“从马背上研究老问题，不免近于卖呆，远不如从活人中听听生命的颂歌为有意思了”是解读这篇美文的一把钥匙。作者当时去云南跑马节，本来是为研究马鞍上的花纹的。但到了那里，却被那里丰富多彩的歌会吸引了，“听听生命的颂歌”，成为大师对云南歌会的最本质的诠释。

是什么样的生命引发了作者创作的初衷呢？是鲜活生动，是生机勃勃，是洋溢在那些朴素乡民身上未经世俗目光浸染过的纯朴自然，是未被现代快节奏生活扭曲的自由天性。这就是沈从文一贯追求的人情美和人性美。这种追求体现在他的文学创作中，形成了其独特的文学风格。在这种创作冲动下，《云南的歌会》以朴素的语言和原始的旋律唱响在文学诗篇的舞台上。

作者开篇就为我们徐徐展开了青年男女山野对歌、赶马女孩山路漫歌、男女老幼村寨传歌三幅充溢着浓郁民俗风情的画卷，并以此凸显云南歌会的本质特点。作者通过“对”“漫”“传”三种歌会形式，对内容丰富、形式多样的云南歌会做了浓墨重彩的描写，使每幅画面具有了不同的神韵。青年男女在山野对歌，比的是才情，赛的是智慧；赶马女孩在山路漫歌，抒发的是心情，展现的是自由自在的天性；男女老幼在山寨传歌，传递的是热情，传承的是文化。三个场景分别侧重描写了唱歌人、唱歌的环境和唱歌的场面，为我们展示了天地同唱的恢宏气势和壮观瑰丽的风情画面。

作者在每幅画面上对不同的元素做了大胆而细腻的铺陈，处处彰显着生命的热烈和纯朴。一群才情出众、勤劳质朴、开朗活泼、率真自然的唱歌人于工笔细描间跃然纸上。作为一组人物群像，这些热情奔放的唱歌人，是动听歌声的演唱者，是歌会的主角，也是展示生命之美的精灵。

“少女”慢慢绽放最本色而清灵的生命美丽，“妇女”展现最旺盛鲜活的生命绚丽，“老人”则展示最丰厚的积淀和最持久的生命活力。“乡村男女老幼百多人”“合起来却如一片松涛”“唱和相续，一连三天才散场”“老人格外兴奋活跃”“年纪已过七十，牙齿早脱光了，却能十分热情整本整套地唱下去”，这种种歌会场面的描述，呈现了生命热烈飞扬的态势。

无论是情歌还是山歌，无论是提问还是比赛，一切皆像阳光下的野花野草，等同于一种生命存在的状态。这是由热情的民族来释放的民族热情，这是特别生动、鲜活、热烈的生命魅力，这也是民歌代代相传的原动力。

“淳朴”“本色”是作者极力宣扬和尊崇的生命本质。

“骑一匹老马，慢吞吞地走十里路。”“马上一面欣赏土坎边的粉蓝色报春花，在轻和微风里不住点头，总令人疑心那个蓝色竟像是有意模仿天空而成的；一面就听各种山鸟呼朋唤侣，和身边前后三三五五赶马女孩子唱着各种本地悦耳好听的山歌。”这随意挥洒的点点墨迹正是作者最原始的心情袒露。从视觉到听觉，形成了“天人合一”的瑰丽境界，这是人与自然的和谐统一，这也是生命最本质的畅想。

在这种心情的依托下，“赶马女孩子”再次走进了作者的视野。“赶马女孩子年纪多不过十四五岁，嗓子通常并没经过训练，有的还发哑带沙，可是在这种环境气氛里，出口自然，不论唱什么，都充满一种淳朴本色美。”这悠游自在、若无其事的生活态度，更是直接体现了自在不羁的生命的自然之美。而“赶马女孩子”也在众多的歌者形象里，成为作者不惜文字而激赏的“本色”典范。

本色美是作者极力宣扬的一种本质，作者正是要在这具有朴素的本质意象里寻找生命的自然，寻找生活的洒脱，寻找人性的纯朴，寻找一种闲适和安然。这种生命的本质，也是云南民歌得以传承、艺术得以发展的民族原动力。

沈从文以其最朴素最纯真的文字，揭示了乡村生命形式的美丽，提出了人与自然“和谐共存”的哲学。这种“优美、健康、自然，而又不悖乎人性的人生形式”，正是他的全部创作要承载的内容。

有人说，民俗是民族心底的声音，它无时无刻不在我们身边，滋养着我们的生命。今天，读读沈从文，读读他的《边城》，读读《云南的歌会》，我们也要说，请珍惜这来自民族心底的声音，在灿烂微笑、大声放歌的天地间，焕发我们生命的原动力，让传统文化的因子再次活跃在我们的视野，根植于我们的心中，让民族的声音始终保持鲜活与生动。

# 拣拾起的希望　人性美的颂歌

## ——读张洁的《拣麦穗》

**引言：**一群农村的姑娘们，挎着篮子，在一望无际的田野里，沿着一行行向远方延伸着的麦垄，弯腰拣拾着一个个收割时落下的麦穗，以此换取自己未来的幸福。一个个麦穗，就是一个个希望；一篮篮麦穗，就是她们对未来的向往。这是一个怎样的场景呢？在这个场景里，又会发生怎样的故事呢？

月残星疏的清晨，一群挎着空荡荡篮子的姑娘们，顺着田埂上的小路走啊走啊，一直走向远方的麦田。已经收割了的麦田，一行行麦茬参差不齐地向远方延伸着，虽不笔直，但也能看到线条的轮廓。顺着麦垄放眼望去，天与麦田连接着的地方，仿佛就是天际。姑娘们走呀走呀，走到田垄间，弯腰捡拾着人们收割麦子后遗留在麦田里的一个个麦穗，放在自己的篮子里。当她们抬起头来，脸上似乎流露出一种满足与欣喜。

夜幕即将来临，夜雾将要腾起。依然是已经收割了的麦田，依然是延向远方的一垄垄麦茬，依然是放眼望去——有一个，不，是几个小黑点从远方移过来，越来越近。是那群农村的姑娘们“趟着沾着露水的青草，挎着装满麦穗的篮子”，走回自己破旧的窑洞。从归来的脚步中，我们似乎看到了她们对未来的憧憬和希望。

这是张洁在她的《拣麦穗》里，用文字为我们描画的两幅画卷：一幅是“清晨赶场”，一幅是“黄昏归来”。

文章从农村最平常、最常见的生活画面入手，通过对一个农村小女孩天真、烂漫、充满无边的遐思幻想心情的描写刻画，表达了对那个特殊时代里人性美的最真挚的关注和赞美。

文章开篇用一个问句“在农村长大的姑娘，谁不熟悉拣麦穗的事呢?”引发读者的遐思，然后将思路宕开，把几十年前拣麦穗的“那段往事”拉到我们的近前，展开一幅幅清新隽永的生活画面，勾勒出一个个动人心弦的生活场景。

场景一：一群姑娘和一位小姑娘的对话。

文中的“我”，是一个刚刚能够“歪歪咧咧地提着一个篮子”“跟在大姐姐的身后”拣麦穗的小姑娘。而且，篮子和“我”的身高不匹配，“总是磕碰着我的腿子和地面，闹得我老是跌跤”。

于是，在一群对未来充满了希望的大姑娘面前，“我”就成了一个不合时宜的女孩，自然也就成了被打趣的对象。

大人们先是“贼眉贼眼地笑”，接着是“放声大笑”，继而又“像一群鸭一样嘎嘎地叫着”。

对这些带着“戏谑”成分的言语，“我”一点也不示弱，直接就用“我要备嫁妆哩”怼回去了。接下来的心理描写，直接表明了“我”内心的不甘和不屑。

至此，一个“麦田嬉笑”的场景完美展现在了读者面前。

这是一个充满了希望的场景，是一群农村女孩在艰辛的生活压力下的情绪释放，是对未来、对美好生活的憧憬，也是那个时代的人性展露。

作者用了两段话对那个时代的人性思考做了具体而深刻的描述：

> 假如你没在那种日子里生活过，你永远不能想象，从这一粒粒丢在地里的麦穗上，会生出什么样的幻想。
>
> 她拼命地拣哪，拣哪，一个收麦子的时节，能拣上一斗？她把这麦子换来的钱积攒起来，等到赶集的时候，扯上花布、买上花线，然后，她剪啊，缝啊，绣啊……也不见她穿，也不见她戴。谁也没和谁合计过，谁也没找谁商量过，可是等到出嫁的那一天，她们全会把这些东西，装进新嫁娘的包裹里去。

这就是那个时代的女人对未来的全部寄托。拣麦穗、换钱、攒钱、扯布、缝制、做待嫁的新装……多么简单的愿望，多么朴素的感情。这拣拾过程，融进了女人们多少天真、烂漫的幻想！这些幻想又和这一个个丢在地里的麦穗联系在了一起，激荡起了人们最本性的情感浪潮。

文章连用两个问句“她想的是什么呢?”来揭示人物内心世界里那种对生活的憧憬和向往，然后用一句“唉，她能想什么呢?”来诠释这种幻想在那个物质匮乏年代里的无奈和满足。

一个“不过”，把最初的美丽幻想从遥远的天际拉回到最现实的生活中来，“幻想全部变了味儿”和“依依顺顺”写出了她们从幻想走向现实的无奈和平静。是啊，哪个女孩没有梦想中的色彩？哪个童年没有幻想中的美丽？但是，生活是现实的，现实和希望的距离总是那么遥远。当她们面对现实的时候，那些曾经有过的幻想和梦境是那么平淡地溜走，好像从未有过一般。

“连她们自己也甚至不会感到过分的悲伤，顶多不过像是丢失哪一个美丽的梦。”这是多么朴素的心情写照，多么平实的人物刻画。文章至此，一个充满着浓浓乡情、洋溢着淳朴民风的场景出现在我们眼前。在这个场景里，有一群具有时代特点的农村姑娘们鲜活、生动地嬉笑着，她们用捡来的麦穗编织着自己美好的未来。

场景二：一个小姑娘和一个老汉的对话。

文章中有两段话，集中描述了“我”的身份：

> 当我刚刚能够歪歪咧咧地提着一个篮子跑路的时候，我就跟在大姐姐的身后拣麦穗了。
>
> 那篮子显得太大，总是磕碰着我的腿子和地面，闹得我老是跌跤。我也很少有拣满一个篮子的时候，我看不见田里的麦穗，却总是看见蝴蝶和蚂蚱，当我追赶它们的时候，拣到的麦穗还会从我的篮子里再掉到地里去。

从这里我们可以获得这样的信息：“我”是一个年幼的女孩子；“我”还不会拣麦穗；“我”也就是跟着大人们玩。

文章用一段文字对“卖灶糖老汉”做了介绍：

> 卖灶糖的老汉有多大年纪了？我不知道。他脸上的皱纹一道挨着一道，顺着眉毛弯向两个太阳穴，又顺着腮帮弯向嘴角。那些皱纹给他的脸上增添了许多慈祥的笑意。当他挑着担子赶路的时候，他那剃得像半个葫芦样的后脑勺上的长长的白发，便随着颤悠悠的扁担一同忽闪着。

由于有了这两处文字的身份介绍，后面的对话就顺理成章了：

> “你为啥要嫁我呢？”
>
> “我要天天吃灶糖咧！”
>
> 他把旱烟锅子朝鞋底上磕着：“娃呀，你太小哩。”
>
> “你等我长大嘛。”
>
> 他摸着我的头顶说：“不等你长大，我可该进土啦。”
>
> 听了他的话，我急了。他要是死了，可咋办呢？我急得要哭了。
>
> 他赶紧拿块灶糖塞进了我的手里。看着那块灶糖，我又带着眼泪笑了：“你别死啊，等着我长大。”

我们透过这一老一少的对话，似乎看到了一个受大人们影响而产生美好憧憬的小女孩；看到了一个对小女孩充满了疼爱和怜惜的卖灶糖老汉；看到了那个时代的人性特点。这种朴素而又纯真的情感，在作者笔下纯净而又鲜活地流淌着。

作者用了一系列的语言描述了“我”对老汉的那种依恋：从“担心”到“望着”“等着”，继而得到老汉“老去了”的消息后很伤心地哭泣；从“我”对卖灶糖老汉的那种由一开始仅仅是因为模仿、好玩、贪吃而引出的“嫁人”愿望，到后来越来越依恋的感情流露。一个天真、烂漫、朴实、纯真的农村小女孩形象，栩栩如生地跃然纸上。

两个场景既相互关联，又相互映衬。两个场景表现的是同一个主题：人性的美好与淳朴。这是一曲人性美和人情美的颂歌，是带着忧伤和悲情色彩的时代画卷。

文章结尾用一个反问句来提起“我”对这种感情的反思，也是对“我”的那段幼年往事的回忆，对“我”的那段童稚感情的回顾。“常常想念”表示“我”的记忆之深、情感之浓；“早已不知被我丢到哪里去了”真实反映了一个儿童正常的心态和行为。

构思独特，是《拣麦穗》的一个重要特点。张洁运用戏剧化的话语格局，表现人物的个性与心理，使文章极具魅力。文章自始至终行文舒缓，给读者一种真挚、亲切、自然的感觉。

如“麦田嬉笑”的场景。“我”匪夷所思的回答，让哄闹的笑语响彻田埂，二姨“贼眉贼眼”的笑，和着那些拣麦穗女子们前俯后仰的“放声大笑”，淋漓尽致地展现出以功利取舍为指针的世俗文化的红火热闹和俗不可耐。

穷乡僻壤的农村，缺少文化浸润，男女之间的话题就是平淡生活的调料，即使在以女性为主的喧闹场景中，也毫不逊色：

> 有一天，二姨看着我那盛着稀稀拉拉几个麦穗的篮子说：“看看，我家大雁也会拣麦穗了。”然后，她又戏谑地说：“大雁，告诉姨，你拣麦穗做啥？”
>
> 我大言不惭地说：“我要备嫁妆哩！”
>
> 二姨贼眉贼眼地笑了，还向围在我们周围的姑娘、婆姨们映了映她那双不大的眼睛：“你要嫁谁嘛？”
>
> 是呀，我要嫁谁呢？我忽然想起那个卖灶糖的老汉。我说：“我要嫁那个卖灶糖的老汉！”
>
> 她们全都放声大笑，像一群鸭一样嘎嘎地叫着。笑啥嘛！我生气

了。难道做我的男人，他有什么不体面的地方吗？

大雁这番纯洁得没有一点功利的回答，把其天性中最质朴、最纯粹的人情美和人性美，挥洒得酣畅淋漓。

又如“我”与卖灶糖老汉的对话。问答之间，童言无忌的小女孩与爽朗风趣的老者间的守望，恰似一缕温暖的阳光，照耀着这两人孤寂的心田，彰显着一种原始的人性渴望和人情温暖。这场对话，给原本悲情的场景增添了一抹暖色的云霞，唤醒了读者沉积内心久远的那份感动。

张洁以回忆的视角展开叙写，时间和空间的距离使作者获得了一种从容的叙述心态。作者显然很注意叙述文体的纯净，无论长句还是短句，都尽力舒缓从容，仿佛有意造成一种不慌不忙、娓娓道来的气氛。作者还注意营造优美的意境，在意境的烘托中突出中心意象，从而强化情感的抒发力度。这篇文章的精致之处，还体现在文章语言的含蓄上。正是这种含而不露的哀愁，赋予了整篇文章一种内在的和谐；也正是这哀愁，浓郁了这篇叙事作品从容舒缓的抒情意味，使它在不知不觉中拨动了读者的心弦。